# Aprender jugando en la escuela primaria

# Aprender jugando en la escuela primaria

## Didáctica de la psicología genética

OSCAR A. ZAPATA

EDITORIAL PAX MEXICO

Ilustraciones: Francisco Limón
1995. Editorial Pax México,
    Librería Carlos Césarman, S.A.
    Av. Cuauhtémoc 1430
    Col. Sta. Cruz Atoyac
    México, D.F. 03310
    Tel.: 688/6458
    Fax: 605/7600

SEGUNDA EDICIÓN
ISBN 968-860-459-3
RESERVADOS TODOS LOS DERECHOS
IMPRESO EN MÉXICO/*PRINTED IN MEXICO*

*Dedico este trabajo a la doctora Estela Ruiz Milán
y a mi principita Yamila,
quien ha brindado
grandes alegrías a mi
vida*

# *Reconocimiento*

La realización del presente trabajo se ha facilitado por el apoyo que brindó la Universidad Nacional Autónoma de México (UNAM) y el Instituto Superior de Ciencias de la Educación del Estado de México (ISCEEM).

# *Contenido*

**Introducción**    11

**1 El juego infantil desde la perspectiva de la psicología genética**    13

*El niño y el juego.*
*Estadios del desarrollo.*
*La génesis del juego infantil.*
*Evolución del juego infantil.*

**2 Experiencias curriculares por medio del aprendizaje por el juego**    33

*Las experiencias escolares de Vanves.*
*El proyecto de Charleston: una escuela para pensar.*
*El proyecto de educación no formal de la Universidad de Massachusetts en el Ecuador (América Latina).*

**3 Encuadre metodológico del trabajo**    53

*Todo juego es conducta.*
*El juego es vital para el desarrollo infantil.*

Los juegos y la estructuración del espacio
y el tiempo desarrollan la motricidad, el
esquema corporal, y afirman la lateralidad
infantil.
Para el niño el juego es una introducción
natural al aprendizaje de la lecto-escritura
y las matemáticas.
Todo juego es aprendizaje.
El aprendizaje en la teoría piagetiana.
El juego es un agente de socialización
infantil.
Orientación didáctica para la
implementación de las sesiones de
juego.

    a. Planificación.
    b. Al preparar las clases se debe
       contemplar.
    c. El juego en sí.
    d. Organización didáctica.
    e. Implementación.
    f. El juego libre.

## 4 Juegos de primer nivel: 6 a 8 años    79

Juegos de motricidad general.
Juegos de percepción sensorio-motriz.
Juegos de estructuración del esquema
   corporal.
Juegos de lateralidad.
Juegos de ritmo, tiempo y espacio.
Juegos de expresión gráfica y apoyo a la
   escritura.
Juegos de asociación lógica y matemáticas.
Juegos de aprendizaje y socialización.
Carreras individuales simples y juegos de
   persecución.

**5 Juegos de segundo nivel: 8 a 10 años**     117

*Juegos de motricidad general.*
*Juegos de percepción sensorio-motriz.*
*Juegos de estructuración del esquema corporal.*
*Juegos de lateralidad.*
*Juegos de atención, memoria y deducción.*
*Juegos de expresión oral y apoyo a la lectura.*
*Juegos de expresión gráfica y apoyo a la escritura.*
*Juegos de asociación lógica y matemáticas.*
*Juegos de aprendizaje y socialización.*
*Juegos de carrera de relevos.*

**6 Juegos de tercer nivel: 10 a 12 años**     157

*Juegos de motricidad general.*
*Juegos de percepción sensorio-motriz.*
*Juegos de estructuración del esquema corporal.*
*Juegos de lateralidad.*
*Juegos de ritmo, tiempo y espacio.*
*Juegos de atención, memoria y deducción.*
*Juegos de expresión oral y apoyo a la lectura.*
*Juegos de expresión gráfica y apoyo a la escritura.*
*Juegos de asociación lógica y matemáticas.*
*Juegos de aprendizaje y socialización.*
*Juegos predeportivos y de iniciación deportiva*

**7 La ludoteca en la comunidad y en la escuela**     201

*El patio de juego.*
*Sugerencias para los orientadores de los juegos infantiles.*

**Declaración sobre el derecho del niño al juego de la la Asociación internacional para el derecho del niño al juego**     211

**Bibliografía temática**     217

## *Introducción*

La teoría psicogenética considera al juego como la expresión y la condición para el desarrollo del niño. Cada etapa del desarrollo infantil se encuentra estrechamente ligada con un cierto tipo de juego; pueden existir modificaciones producto de la sociedad, la cultura o ciertos momentos históricos, pero el juego es universal en la vida del niño y la sucesión del tipo de juego es siempre la misma, de igual forma que las etapas del desarrollo mental cumplen una sucesión rigurosa y precisa.

El juego cumple un rol esencial en la formación de la personalidad como lo investigó H. Wallon y es de gran importancia para el desarrollo de la inteligencia, como lo demostró Jean Piaget. Es también un equilibrador de la afectividad y permite al niño su socialización y la incorporación de su identidad social. Por todas estas razones, el juego se constituye como una herramienta operativa que brinda amplias posibilidades a la práctica educativa; por un lado, como elemento renovador de la enseñanza y, por el otro, como medio para el aprendizaje que posibilita el desarrollo integral del niño.

En el presente trabajo se ha tratado que todos los juegos y actividades sean adecuados a la realidad educativa social, cultural y económica de los países latinoamericanos. El eje vertebral de la teoría se ha realizado desde la visión de la psicología genética, y es precisamente en esa misma corriente donde se basa la práctica didáctica que se sugiere.

En el primer capítulo, el lector encontrará la teoría del juego infantil enfocado desde la psicología genética, la génesis, evolución y clasificación de los juegos; en el segundo capítulo, se habla de las diferentes experiencias curriculares con juegos, realizadas en Francia y Estados Unidos y, asimismo, de un proyecto realizado en Ecuador por la Universidad de Massachusetts; en la tercera parte se enfoca el problema del encuadre metodológico de los juegos educativos y se plantea el aprendizaje y la orientación didáctica de las sesiones de juego. Posteriormente, en el cuarto, quinto y sexto capítulos se abordan los juegos por niveles de edades escolares (6 a 8, 8 a 10 y 10 a 12 años, respectivamente), con la siguiente clasificación:

*Juegos de motricidad general.*
*Juegos de percepción sensorio-motriz.*
*Juegos de estructuración del esquema corporal.*
*Juegos de lateralidad.*
*Juegos de ritmo, tiempo y espacio.*
*Juegos de atención, memoria y deducción.*
*Juegos de expresión oral y de apoyo a la lectura.*
*Juegos de expresión gráfica y apoyo a la escritura.*
*Juegos de asociación lógica y matemáticas.*
*Juegos de aprendizaje y socialización.*
*Juegos de carreras, persecución y relevos.*
*Juegos predeportivos e iniciación deportiva.*

En el último capítulo se plantean las ventajas que la creación de una *ludoteca* podría brindar a las escuelas y a la comunidad, y se dan una serie de sugerencias para su complementación.

El autor desea que esta obra resulte una herramienta operativa eficaz, tanto para maestros, padres, pedagogos, reeducadores, psicólogos, como para todos aquellos que trabajan o están en contacto con la infancia, para que de esta manera podamos formar niños más sanos y felices.

# El juego infantil desde la perspectiva de la psicología genética | 1

Todos los pedagogos están de acuerdo en que la mejor situación para aprender, resulta ser aquélla en donde la actividad es tan agradable y satisfactoria para el aprendiz, que éste no la puede diferenciar del juego o la considera como actividad integrada: juego-trabajo.

Piaget considera al juego como una actividad que permite la construcción del conocimiento en el niño, y en especial en las etapas sensorio-motriz y preoperacional, pero tiene valor para el aprendizaje en cualquier etapa. Sin embargo, debido a la diferencia excluyente entre trabajo y juego en el sistema escolar —tan común en nuestra sociedad—, los maestros pierden con ello una herramienta didáctica esencial para el desarrollo de la infancia.

La psicología genética ha demostrado que el juego espontáneo de la infancia es el medio que posibilita que se ejercite la iniciativa y se desarrolle la inteligencia, en una situación donde los niños están naturalmente motivados por el juego.

## El niño y el juego

La evolución del juego está íntimamente relacionada con todo el desarrollo evolutivo del niño.

El juego es función, estímulo y formación del desarrollo infantil; porque para el niño es un instrumento de afirmación de sí mismo, que le permite ejercitar sus capacidades físicas e intelectuales, pero también le ayuda a plantear y resolver sus problemas cotidianos de desarrollo y convivencia.

Todo juego supone un proyecto, pues no se puede intentar alguna acción o actividad si antes no se propuso un objetivo, y por consiguiente ciertas reglas, puesto que para alcanzar la meta es necesario que se establezcan, se acepten y respeten algunas normas. Es indudable que cuando se dice "vale todo" para el logro del objetivo, también se están marcando reglas de juego.

El juego siempre está relacionado con el éxito actual, con la proeza presente. Por medio del juego el niño conforma la base de la futura personalidad y a la vez, como bien lo demostró Freud, es el mejor elemento de equilibrio psíquico en la infancia.

El juego es una actividad que transforma y modifica imágenes, esto se debe a que el juego del niño puede prescindir de accesorios, de objetos concretos o juguetes, la demostración clara de esto en la escuela es el patio de recreo; no existe un lugar más vacío, y más frío, que los característicos, y siempre iguales, patios de recreo de las escuelas. La acción y la alegría que despliegan los niños en estos lugares, testimonia que lo único importante para que el juego se pueda realizar es la actividad misma.

### Estadios del desarrollo

Antes de comenzar a describir las características de la evolución de los juegos infantiles, es importante dar algunas notas fundamentales de lo que entiende por estadio la teoría de la psicología genética:

1. Los diferentes estadios se conforman por el orden de sucesión de las adquisiciones y aunque éste se logre en distintas edades, no tiene importancia, lo esencial consiste en que el orden de la

adquisición es constante. Las edades de los logros en los momentos evolutivos son aproximaciones.

2. Los estadios tienen un carácter integrativo. De esta manera, los logros de los estadios anteriores no se pierden sino que quedan incorporados a la nueva estructura, conformando un sistema más amplio. Así, el juego funcional o juego ejercicio, se integra en el juego simbólico y estos dos se van a incorporar a la estructura del juego reglado.

3. Cada estadio se distingue por una estructura de conjunto que se puede explicar en términos de estructura lógica o por un modelo lógico. Para la inteligencia concreta el modelo lógico es el de agrupamiento.

4. En cada estadio se puede hablar de un periodo de preparación y otro de acabamiento. En el primer momento se van construyendo las estructuras y en el segundo se consolidan.

Para la etapa escolar que nos interesa corresponde como preparación el periodo preoperatorio y el de acabamiento de las operaciones concretas.

Piaget encuentra en los juegos infantiles tres grandes tipos de estructuras que permiten caracterizarlos y, por lo tanto, clasificarlos: el ejercicio, el símbolo y la regla. Al considerar que los juegos de "construcción" son una especie de frontera que relaciona los diferentes juegos con las conductas que dejan de ser lúdicas, como es el caso del trabajo o actividades de la vida cotidiana, concluye Piaget, que los juegos de *construcción* constituyen la transición entre los tres tipos de juegos y las conductas adaptadas.

Según este autor, la inteligencia finaliza en un equilibrio entre la asimilación y la acomodación; mientras que la imitación, por ejemplo, prolonga la acomodación; el juego consiste esencialmente en asimilación o, por lo menos, es más asimilación que acomodación.

Asimismo, Piaget considera que el pensamiento lógico es la culminación del desarrollo psíquico, que se configura por medio de una construcción activa y de un compromiso con el exterior. El carácter integrativo de los estadios, para lograr la inteligencia formal, implica integrar y pasar por la inteligencia concreta y la sensoriomotriz. En los niños de la escuela primaria entre los 7 y los 12 años, aproximadamente, es en este periodo cuando se desarrollan las operaciones concretas. Aquí podemos distinguir tres fases: 1. La inteligencia sensomotora (desde el nacimiento hasta el año y medio o dos años); 2. El pensamiento objetivo simbólico (entre los 2 años y los 6 y medio, aproximadamente), y 3. El pensamiento lógico concreto.

El comportamiento sensomotor de la primera infancia constituye la base de la formación del conocimiento. Paralelamente con el desarrollo de las funciones del conocimiento (en estrecha relación) se desarrolla la vida afectiva, y también es el resultado de una construcción psíquica activa. Tanto el afecto como la cognición, son indisociables en el sujeto, lo afectivo-motivacional suministra la energía del comportamiento y el aspecto cognoscitivo proporciona la estructura. De estas dos funciones, esenciales en la fase del pensamiento objetivo simbólico, surge una tercera función que Piaget denomina de *representación* y que corresponde al lenguaje, al dibujo, la imitación y al juego, es decir, las formas como el niño representa, a su modo, lo que vive. Esta última función se encuentra unida de manera estrecha a las otras dos y va a interaccionar constantemente, de forma que a cada periodo o etapa de cualquier función, se corresponde directamente con las otras de modo evolutivo.

### LA GÉNESIS DEL JUEGO INFANTIL

Piaget considera que el juego no se distingue del acto intelectual por su estructura, sino que la diferencia está en su finalidad. Mientras que el acto intelectual busca siempre un objetivo externo, el juego, por el contrario, tiene un sin fin en sí mismo.

El juego infantil se manifiesta en la niñez de tres formas: como *juego ejercicio*, como *juego simbólico* y como *juego reglado*. En cada fase cognoscitiva aparece una de estas formas pero pueden coexistir simultáneamente a medida que se avanza en el desarrollo. En la fase sensomotora aparecen únicamente los juegos ejercicio; los juegos simbólicos logran su mayor desarrollo entre los 3 y 6 años. Posteriormente van *perdiendo interés*; mientras que los juegos reglados surgen a partir de este momento y alcanzan su mayor desarrollo e interés entre los 8 y 10 años.

Se puede considerar que el juego se inicia en el primer estadio, en el momento que el bebé opera con las adaptaciones puramente reflejas. Esto coincide con la teoría de K. Groos, que entiende al juego como pre-ejercicio de los instintos esenciales; Piaget piensa que es muy difícil interpretarlos como verdadero juego, porque solamente consolidan el funcionamiento del montaje hereditario. Sin embargo, en la segunda etapa de la inteligencia senso-motora, se puede considerar que la mayor parte de las actividades de las "reacciones circulares" se continúan en los juegos. Por lo que los juegos comienzan muy temprano en el desarrollo evolutivo.

La mayoría de los comportamientos que desarrolla el niño en la etapa de la inteligencia sensorio-motora de la primera infancia, son susceptibles de convertirse en juego cuando se repiten por simple placer funcional, es decir, por asimilación pura. Los esquemas sensoriales y motores se ejercitan sin otro fin que el placer funcional que producen al bebé.

### EVOLUCIÓN DEL JUEGO INFANTIL

*Los juegos ejercicio*

El nacimiento del juego surge por el placer funcional que se logra una vez adquiridas las habilidades que permiten superar una dificultad determinada. Durante los 18 primeros meses del desarrollo, casi todos los esquemas sensorio-motores incorporados se van a ejercitar por el placer lúdico que generan, Piaget los denomina juego ejercicio.

Los primeros juegos se realizan sobre el propio cuerpo: mirar una y otra mano; juntar y separar las manos; buscar y tomarse un pie, etcétera. Más adelante, se van sumando a estos juegos los objetos del medio: un chupón, una sonaja o un juguete. Con el avance de la inteligencia, el niño logrará combinar diferentes juegos sensomotores. Con el desarrollo del pensamiento, y el logro de la simbolización, el niño se ejercitará en todo tipo de preguntas, que generará la llamada *etapa del ¿por qué?*, que es más un juego que interés de conocimiento. También en esta fase aparecen las adivinanzas que tanto le agradan. Por lo que estos ejercicios lúdicos no pertenecen únicamente a la etapa preverbal, sino que reaparecen en cualquier momento cuando se adquiere un nuevo aprendizaje. Siempre que existe un contacto con un material nuevo: juegos o juguetes educativos, bloques, cubos, sistemas para ensartar, etcétera, tienen lugar los juegos ejercicio.

En la etapa escolar, el juego ejercicio se puede realizar por medio de la técnica didáctica que he denominado *formas jugadas*. La característica principal de dichas formas consiste en que el niño desarrolla esencialmente el placer motor: correr, saltar, lanzar, patear, arrojar, trepar, saltar y girar, arrastrarse y gatear, etcétera. Abarca todas aquellas acciones que el ser humano incorpora naturalmente y que realiza más tarde en su vida cotidiana, en el trabajo, en el juego propiamente dicho o el deporte. No son juegos en sentido estricto, pero, gracias al sentido didáctico de juego que le da el maestro y a la necesidad de probarse del niño, se genera un ambiente de alegría y juego, que permite establecer una dinámica rica en colaboración e integración del grupo infantil.

Desde el punto de vista cognoscitivo, esta actividad integra las profundas experiencias curriculares sustentadas por los teóricos de la escuela activa como Dewey, Claparede, Freinet o de las corrientes psicológicas de Wallon o Piaget, quienes al demostrar el profundo nexo que existe entre la acción y el pensamiento, han fundamentado una didáctica al respecto de todo lo que conforma la situación problema y permite el aprendizaje del niño por descubrimiento. Desde este punto de vista Claparede, por ejemplo, plantea las siguientes etapas, que se corresponden directamente con las *formas jugadas* y las tareas que enfrenta el niño en su resolución.

1. La dificultad que incita al niño a reflexionar se manifiesta inicialmente como *necesidad*.
2. Necesidad que se transforma en preguntas o problemas en el momento en que el niño adquiere conciencia de ella.
3. Esta necesidad va a liberar la suficiente energía como para que la acción de observación o reflexión se continúe.
4. Además, la misma necesidad volverá "interesante" al objeto o a la actividad que desarrolla. Es decir, resultará motivante.

El aprendizaje por descubrimiento orienta al niño hacia la creatividad; a participar activamente, buscando y elaborando, y lo incita de manera constante a poner en acción toda su capacidad. Es importante que los problemas que se presentan a través de los juegos o formas jugadas estén adecuados al nivel y posibilidades del niño, y que tengan variadas soluciones.

Por último, los juegos ejercicio tienden hacia tres alternativas: quizá se integren con la imaginación representativa y se transformen hacia el juego simbólico; o se socialicen y entonces se orienten hacia los juegos reglados, y la tercera posibilidad es que deriven hacia la inteligencia práctica, permitan adaptaciones reales y se excluyan de los dominios del juego.

*Los juegos simbólicos*

En la etapa anterior senso-motriz, a partir de pautas iniciales de adaptación, surgen imperceptiblemente como funciones separadas de actividades acomodaticias y asimilativas especializadas, la imitación y el juego. El niño comienza por imitar acciones modelo como si fueran sus propias acciones; imita las respuestas que ya conoce y que puede oír y ver. Poco a poco, puede llegar a reproducir un modelo ausente por medio de la memoria, Piaget lo llama imitación diferida. Por medio de este proceso, la imitación comienza a separarse de la adaptación en general para pasar a ser una actividad especializada de adquisición. Idéntica investigación del juego realiza Piaget y descubre que las *reacciones circulares primarias*, una vez aprendidas, comienzan a utilizarse por el placer que produce la actividad, por lo que pasan a ser juegos.

El juego surge también gradualmente de la adaptación general indiferenciada hasta que se repara y comienza a operar con las características de "asimilación por la asimilación misma", que Piaget va a definir como la esencia del juego.

En la última etapa senso-motora, por medio de la imitación y el juego, el niño puede transitar a la representación y, por lo tanto, a la adaptación conceptual.

El niño adquiere la función simbólica a través de esta especialización de la acomodación que es la *imitación* y la especialización asimilativa que es el *juego*. Piaget considera que el requisito esencial de la representación es la posibilidad de distinguir los significantes de los significados y poder evocar a uno para referirse al otro; a este proceso lo denomina *función simbólica*. La acomodación como imitación le proporciona al niño sus primeros significantes, a los que puede otorgar interiormente el significado ausente.

Esta imitación interna se conforma como una imagen torpemente organizada, y se convierte en el primer significante cuyo significado es el objeto, la acción o la palabra. La asimilación, por otro lado, proporciona el significado al cual refiere el significante generado por la imitación. Posteriormente, gracias al pensamiento, la fundamental función del lenguaje, se socializa.

Por ejemplo, la forma más primitiva del simbolismo lúdico, que consiste en la transición del ejercicio sensoriomotor al simbolismo, es la reproducción del esquema sensorio-motor fuera de su contexto y en ausencia de su objetivo; a esto, Piaget lo denominó *esquemas simbólicos*. En sus observaciones aparece el siguiente ejemplo: "1;1 (20)J. araña el tapiz de la recámara en el lugar en que está pintado un pájaro y después cierra la mano como si contuviera el pájaro y se dirige hacia su madre: Mira (abre la mano y hace como si se lo diera). ¿Qué me traes? —'Un pajarito'. A los 2;0 (8), juega en la misma forma con una flor de la tapicería y después con un rayo de sol que entra en su recámara y hace como si lo agarrara y lo transportara; luego lo ofrece: 'Un poco de luz'.

"A los 2;0 (8), abre la ventana y grita riendo: '¡Hola, hola, niño!' (un niño que encontró en un paseo y que no está en el jardín).

Después, se aleja riéndose: '¡Por allí!' "[1]

En los juegos simbólicos el niño logra sustituir y representar una situación vivida por una supuesta, gracias a la utilización de ficción y de símbolos propios.

Piaget plantea que estas primeras acciones simbólicas se originan aproximadamente a la mitad del segundo año y lo ejemplifica así: "El niño sentado cae hacia atrás en su almohada. Entonces introduce el dedo en la boca, cierra los ojos y adopta la actitud habitual del sueño y luego ríe maliciosamente. Este juego de ficción se repite muchas veces."[2]

Los juegos simbólicos se distinguen por el uso de símbolos propios del niño y el hacer "como si"; cuentan con toda una evolución interna que se inicia con la ficción más sencilla o esquema simbólico, donde el niño hace como si durmiera, como si se lavara, como si comiera. Tales acciones, permiten desarrollar la capacidad de evocar estas conductas fuera de su objetivo

---

[1] Piaget, J. *La formación del símbolo en el niño*. México, Fondo de Cultura Económica, 1977, p. 166.
[2] Piaget, J. y Barbel Inhelder. "Psicología de la primera infancia. Desarrollo psíquico desde el nacimiento hasta los siete años", en Katz, A. Busemann y otros. *Psicología de las edades. Del nacer al morir*. Madrid, Ed. Morata, 1977, p. 62.

habitual y con la utilización o no de objetos; hasta la representación más compleja de escenas en donde ya puede jugar en grupo.

En lo que respecta a los esquemas simbólicos —esquemas familiares que al principio estaban centrados en sí mismo—, posteriormente serán atribuidos a otros, por ejemplo, harán que duerma su muñeca; la bañarán; le darán de comer a su oso.

Una etapa superior se inicia aproximadamente entre los 4 y 7 años y los juegos simbólicos anteriores comienzan a desaparecer para ser reemplazados a su vez por otros juegos simbólicos, pero que bien se podrían caracterizar, como lo hacen ciertos autores, como *juegos de imitación*.

El niño, al ir tomando mayor conciencia de lo real, conduce a que el símbolo vaya perdiendo su característica deformante de la realidad, para convertirse, poco a poco, en una simple representación de la realidad o copia imitativa. Los juegos simbólicos de la etapa posterior, cuentan con las siguientes características:

Primero, en las construcciones lúdicas hay una superación de la incoherencia anterior y la secuencia de las ideas; los acontecimientos están mejor estructurados.

Segundo, existe una preocupación por la imitación correcta de lo real y un cuidado especial de la exactitud, en las construcciones materiales que apoyan el juego.

A la vez, cada una de estas construcciones combina en gran forma el ejercicio sensorio-motor y lo simbólico. Piaget habla de construcciones de casas de muñecas que los niños realizan durante varios días y al respecto concluye:

"...la asimilación simbólica es cada vez menos deformante y se aproxima, por tanto, cada vez más a la simple reproducción imitativa. En otras palabras, el símbolo lúdico evoluciona en el sentido de una simple copia de lo real y sólo el tema general de las escenas sigue siendo simbólico mientras que los detalles de éstas y de las construcciones tienden a la acomodación precisa y aun a la adaptación propiamente inteligente."[3]

---

[3] Piaget, J. *La formación del símbolo en el niño. Op. Cit.*, p. 188.

La tercera característica consiste en el comienzo del *simbolismo colectivo*, es decir, el grupo de niños que juega realiza una correcta diferenciación y adecuación de roles. Antes jugaba en dúos o tríos, y entre ellos se prestaban las ideas y se imitaban en ciertos momentos, pero el juego no era social, era juego paralelo. Ahora, los diferentes papeles se diferencian y se realiza una complementación entre ellos, Piaget realiza las siguientes observaciones de juegos de esta edad: "A los 4;7 (12), hace todo lo posible para montar una escena de paseo en auto. L. quien tiene 2;2 (18), está construyendo una cama y hace 'brr' para manifestar su participación en el movimiento del auto, pero sin abandonar su juego. A continuación, se establece una mezcla inexplicable de los dos juegos para L., mientras que J. organiza los papeles con perseverancia. J. acaba por triunfar, haciendo de L. la mujer de una muñeca (Tú, eres la mujer de este marido. —Sí) y de ella misma otra señora. J. dice: 'Son dos señoras que van en auto.' L. pregunta: '¿Usted va en auto, señora?' J. dice: 'Sí, y yo lanzo a su marido y a su niño por la ventana' (tira la muñeca) pero L. va a buscar la muñeca y entonces olvida el juego.

"A los 4;7 (23), J. juega con una niña mayor (de 10 años) y se adapta perfectamente a todos sus juegos de comidita, familia, etcétera. Muestra así que ella hubiera podido desarrollar los papeles complementarios de los juegos precedentes si su socia hubiera tenido la edad necesaria. En cuanto a L., educada por los ejemplos de J., hacia los 3;8 y 3;9 adquiere esta capacidad."[4]

Podemos concluir que en toda esta etapa del juego simbólico que va del segundo año de vida a los siete años, aproximadamente, en un principio el niño comienza por imitarse a sí mismo; posteriormente, imita a los demás pero con esquemas que ya adquirió y que le son familiares, y que le permiten adjudicar esta misma acción a otros.

Ya en una etapa superior el niño imita a otros o más bien, los copia en sus acciones o actitudes, como por ejemplo, finge escribir o leer un libro, manejar un auto, etcétera.

---

[4] Piaget, J. *La formación del símbolo en el niño. Op. Cit.,* p. 190.

Este largo proceso de desarrollo implica conjugar dos perspectivas distintas, la perspectiva actual, que por medio de la ficción recrea la perspectiva del pasado y la representada en ese momento.

Es necesario recordar que este tipo de juego simbólico de los inicios, conjuntamente con la imitación diferida, son dos aspectos que señalan un cierto esbozo primario de representación. En un sentido muy general, se puede hablar de representación en el momento que existe una cierta discriminación y coordinación entre significante y significado. Por lo que la imitación y el juego contribuyen al desarrollo de una función simbólica cuya evolución y ejercicio se entroncan, necesariamente, con la adquisición del lenguaje. Todas estas nociones pueden también entenderse en función del interjuego dialéctico de la asimilación y la acomodación. La imitación y la imagen señalan un predominio de la acomodación, la asimilación es a su vez el fundamento explicativo del juego.

El juego simbólico presupone un cierto desdoblamiento del propio niño y la creación de otras perspectivas diferentes en relación con otros. Todo esto plantea la difícil tarea de diferenciar lo real de lo imaginario y en la que, muchas veces, el niño menor de cuatro años puede confundirse fácilmente.

En razón de que los juegos simbólicos implican cierta identificación con los modelos que imitan, permiten conocer y comprender el punto de vista del otro, y posibilitan una cierta ruptura del centramiento del niño en sí mismo.

También este tipo de juegos, por su capacidad de asimilación de la realidad exterior, favorece el desarrollo de las funciones intelectuales.

Aproximadamente, a los 4 años, el juego de los roles alcanza su auge; estos juegos se centran en una situación ficticia que consiste en la adopción del papel del adulto, por el niño, representado en circunstancias lúdicas ideadas por él mismo. Esto le permite conocer el mundo cambiante y complejo de la realidad adulta y, a la vez, le da la oportunidad de afirmar su propia personalidad en ese mundo lúdico propio.

Por otro lado, por medio de estos juegos los niños desarrollan diferentes relaciones con sus compañeros —como se pudo observar en los ejemplos aportados por Piaget— lo que les permite inferir distintos puntos de vista, sobre los significados de las situaciones cambiantes de la vida real.

Estos juegos, por lo tanto, desarrollan una práctica de cooperación infantil que permite favorecer las estructuras operacionales y los procesos de socialización.

A los 7 años aparece una modificación radical del simbolismo lúdico y de los mismos procesos de socialización infantil.

*Los juegos reglados*

El desarrollo evolutivo del niño pasa de un estado inicial de profundo egocentrismo, es decir, un estado cognoscitivo en el cual el infante ve a la realidad únicamente desde el punto de vista propio y sin tener conciencia de perspectivas diferentes, o sin el conocimiento de que está atado a su propio punto de vista; cuanto más centrado en sí mismo, menos se conoce, y en la medida en que se descubre a sí mismo puede ubicarse en la realidad. Por lo que egocentrismo significa incapacidad de percibirse a sí mismo, como de contar con una visión objetiva de la realidad.

Con la gradual reparación entre el yo y el mundo se produce un proceso simultáneo de conocimiento más objetivo de la realidad y, a la vez, una mayor capacidad de autoconciencia. Desde los siete años, la conducta infantil se modifica radicalmente y se vuelve social. En el niño se inicia la formación del pensamiento lógico-concreto, puede realizar un contacto con los objetos, operaciones de clases, como de relaciones; esto le permite desarrollar un sistema cognoscitivo con el que puede organizar y operar sobre la realidad.

El gran avance de este periodo es la construcción de lo que Piaget ha denominado operaciones y que le posibilita una inteligencia operacional para actuar mucho más adaptativamente con la realidad. Piaget define la operación como una acción interiorizada reversible y que se integra en una estructura de conjunto.

La cognición se le puede entender como la aplicación de acciones reales por parte del niño, sea en relación con objetos del ambiente o con sus propias acciones; dichas acciones cognoscitivas se hacen reversibles cohesionándose para formar a su vez sistemas de acciones.

Como consecuencia de estas nuevas condiciones intelectuales el niño se torna capaz de cooperar y comprender diferentes puntos de vista; en efecto, la dificultad de la discusión grupal consiste en que pone al sujeto ante perspectivas y puntos de vista distintos al suyo; por lo que sólo puede existir intercambio si cada participante comprende los diferentes puntos de vista. La organización operatoria del pensamiento es la posibilidad de la cooperación, y el trabajo grupal promueve el desarrollo del pensamiento operativo; por lo que la cooperación social desempeña una parte importante en el desarrollo intelectual.

El juego reglado es la actividad lúdica de los seres socializados e incorpora en su estructura al juego ejercicio y al juego simbólico. El juego reglado es la culminación de los procesos lúdicos, y se consolida progresivamente durante este periodo del pensamiento lógico concreto y logra su máxima expresión en el periodo del pensamiento formal abstracto; este tipo de juego se continúa durante toda la vida adulta en forma de deportes.

Desde este ángulo, los tres tipos de juegos: ejercicio, simbólico y reglado, serían momentos o expresiones del acceso progresivo a la socialización de la conducta en todos sus niveles. También es importante referirse al tipo particular de juegos, como son los de construcción o creación, que constituyen una transición hacia las conductas más adaptadas y que pueden culminar en el trabajo o en el arte.

En los niños de alrededor de 6 años, en nuestra cultura, surge un acontecimiento capital: el ingreso a la escuela primaria. Si bien el pequeño ya cuenta con la experiencia de la adaptación a una institución que no es familiar, como es el jardín de niños, lo nuevo reside en que las situaciones de esta nueva realidad institucional son radicalmente distintas a las que conoció. Aquí se plantean al niño muchos problemas diferentes de socialización; por un lado, su relación con el maestro, por otro, sus relaciones con el nuevo grupo artificial —mucho más grande— y con niños de su propia edad; su relación intelectual con los contenidos del aprendizaje; sus relaciones espontáneas con los grupos de juego en los recreos escolares; por último, y no por eso menos importante, su alejamiento de la institución familiar durante más tiempo por el horario de la escuela y las tareas que le exigen cumplir.

En la perspectiva del juego infantil se produce un corte de lo que Gesell denominó *el juego paralelo* de la época anterior, en donde niños de 4 o 5 años que jugaron todo un día juntos parecen no conocerse al siguiente; ese tipo de asociación lúdica en donde lo esencial es el juego y los pequeños grupos se hacen y deshacen sin ningún problema.

Entre los 6 y 7 años los grupos son más durables, y aparecen los "juegos sociales" que se estructuran sobre dos elementos constitutivos nuevos: las reglas de juego y la cooperación con división del trabajo. Se inician de forma simple en los juegos colectivos más elementales, como por ejemplo: la roña (la mancha, en otros países) o el gato y los ratones, etcétera; la regla consiste en que el perseguido que es alcanzado, se convierte inmediatamente en perseguidor y la organización de la división del trabajo: uno contra todos, en donde la complementariedad de valores se opera espacialmente y la reciprocidad de cada cual su turno, opera temporalmente. Esta situación de trabajo común es una necesidad de la etapa evolutiva: organización de actividades cooperativas y deseo de reciprocidad. Es en el grupo de niños de su misma edad, donde el egocentrismo infantil va a ser derrotado de manera más contundente y en donde aparecerá la cooperación, la solidaridad, la reciprocidad del punto de vista, el *descentramiento*, la afirmación de los sentimientos del yo y los sentimientos de fraternidad y amistad.

La regla y la organización de la actividad grupal surgen como una transacción entre la imperiosa necesidad de afirmación individual y la necesidad de convivir e interaccionar socialmente y, a la vez, afirmarse de forma individual en la colectividad.

El pequeño que ingresa a la escuela, gracias a los recreos podrá conocer y ver el juego de los más grandes. En su valoración y admiración de los mayores, los pequeños, en muchos casos, imitarán a éstos y por no contar con los desarrollos intelectuales y sociales que implican, los juegos finalizarán en el desorden. Por eso, uno de los mayores orgullos de los pequeños es ser incluidos en el juego de los grandes.

Los juegos van a evolucionar por medio de la complejidad de las reglas y la división del trabajo; así como por los ritos y prácticas de tradición lúdica heredadas de la cultura en que está inmerso el niño.

Como muchos autores han señalado, la larga tradición histórica de los juegos infantiles se desprende de los adultos, de quienes llegan todos los juegos y, por lo tanto, de quienes se heredan las reglas.

En la sociedad infantil, de los 6 a los 8 años, por medio de un largo proceso, se van aceptando juegos más evolucionados, de más complejidad y con mayor número de reglas y cláusulas que cumplir. La necesidad de afirmación de la personalidad de los niños, en esta etapa, genera conflictos en la organización del juego colectivo y, si bien la colaboración es también conflictiva, los mismos juegos demuestran que en circunstancias normales con estos parámetros y con el ejemplo de los modelos de juego aportados por los más grandes, la organización lúdica es posible, avanza y se desarrolla.

En el sistema escolar, los primeros grupos infantiles carecen de cohesión y cuentan con poca estabilidad, en razón de que son impuestos por la institución, y la camaradería puede florecer marginalmente en la colonia o barrio.

En lo que respecta a la naturaleza y significación de las reglas de juego, Jean Chateau dice: "El niño ama la regla; en ella encuentra el instrumento más seguro de su afirmación; por medio de ella manifiesta la permanencia de su ser, su voluntad, su autonomía."[5]

---

[5] Chateau, Jean. *Psicología de los juegos infantiles*. Buenos Aires, Ed. Kapelusz, 1988, p. 73.

Piaget parte del análisis de que la regla impone una regularidad o idea de obligación que presupone al grupo, o por lo menos dos individuos. En lo que hace a las reglas, hay que diferenciar las transmitidas y las espontáneas. Hay reglas que cuentan con una transmisión social producto de la acción de los mayores sobre los menores o por imitación de los menores, del juego de los niños de mayor edad, por el prestigio que éstos les merecen.

Las reglas espontáneas proceden de la socialización, producto directo de los juegos ejercicio o de los juegos simbólicos, y Piaget concluye diciendo: "En resumen, los juegos de las reglas son juegos de combinaciones sensorio-motoras (carrera, lanzamiento de canicas o bolas, etc.) o intelectuales (cartas, damas, etc.) con competencia de los individuos (sin lo cual la regla sería inútil) y regulados por un código transmitido de generación en generación o por acuerdos improvisados. Los juegos de reglas pueden ser nacidos de las costumbres adultas caídas en desuso (de orden mágico-religioso, etc.) o bien de juegos de ejercicio sensorio-motor que se vuelven colectivos, o en fin, de juegos simbólicos que se han vuelto igualmente colectivos pero que se despojan totalmente o en parte de su contenido imaginativo, es decir, de su simbolismo mismo."[6]

Analicemos cómo un juego incluye la síntesis de esta evolución y cómo, a su vez, puede variar, por ejemplo, el juego típico de esta edad, el juego de "policías y ladrones", es un juego ejercicio en cuanto incorpora el correr, las destrezas necesarias para esquivar y atrapar, la astucia para ver el conjunto de los enemigos; es un juego simbólico, en cuanto que los niños adoptan los papeles de policías o ladrones; asumiendo en su fantasía el disfraz correspondiente, por ejemplo, los policías están arreglados con su vestimenta; tienen actitudes militares y un lenguaje más acorde a la función; por otro lado, los ladrones en su vestimenta desarreglada, son

---

[6] Piaget, Jean. *La formación del símbolo en el niño. Op. Cit.*, pp. 196-197.

astutos y brutales; tienen un dejo de lenguaje y actitudes groseras; cuando son capturados tratan de hacer trampas y evadirse. Éste es un juego reglado, en cuanto que tiene reglas, como por ejemplo, tres palmadas en la espalda de un ladrón está capturado, sólo pueden salir de la prisión si otro compañero los toca; con una división del trabajo que parte de la organización de grupo contra grupo, pero internamente cada grupo tiene integrantes que atacan y otros que defienden. Sin embargo, a medida que la evolución infantil avanza, el juego no desaparece, por el contrario, se transforma en razón de que el interés y atractivo aumentan con mayor cantidad de jugadores, y al permitir la cooperación entre perseguidores y perseguidos como juego de persecusión, tiene mayor posibilidad de desarrollar la destreza y la proeza individuales, como también las distintas capacidades físicas producto de las diferentes edades.

En las etapas iniciales, los juegos se frustran porque los niños abordan juegos superiores a su desarrollo evolutivo, y por estar atrapados en estos niveles por la contracción que existe entre la necesidad de sacar ventaja individual y la necesidad de cooperar grupalmente para poder jugar; por lo que en estas edades se produce una oscilación constante entre una situación y otra. Es normal que el niño, que en un momento dado censuró severamente a un contrario por hacer trampa, segundos después cometa las mismas faltas intentando sacar ventajas y argumentando que la situación es distinta. Por esta razón, los juegos libres de estas etapas se ven interrumpidos de manera constante por alegatos y disputas que paralizan y bloquean el desarrollo lúdico. Pero la necesidad de jugar es tan grande, que se vuelven a iniciar sin cesar o se modifican para que el juego pueda proseguir.

En toda esta etapa, de los 7 a los 9 años, el grupo de juego es segmentario y tiende a conformarse con niños de mismo sexo y edad similar; consiste en competir, principal característica de esta etapa. Algunos autores los han denominado "juegos de proeza"; las actividades son múltiples: correr lo más ligero posible; saltar más alto que los demás, en altura o en longitud; trepar más alto en árboles; buscar nidos; juntar diferentes tipos de objetos y encontrar los más raros; saltar al suelo desde mayor altura; repetir frases difíciles o leer correctamente el pasaje de un libro; patinar o andar en bicicleta lo más rápido posible, etcétera. Cualquier forma jugada se puede convertir en juego de reglamento arbitrario y adquirir el carácter de juego de proeza. Por medio del logro o la proeza, el jugador se afirma y es valorado por los demás, y al mismo tiempo ante sí mismo. El grupo de niños constituye el marco social de la prueba y la posibilidad de lograr la valoración necesaria del ejecutante.

Los niños de esta edad no ignoran las reglas —existe el deseo de la colaboración y juego social de los mayores— pero son inconstantes en su aceptación o cumplimiento de las mismas porque no poseen el suficiente control sobre sí mismos.

Cuando los juegos exigen una división del trabajo diferente a su necesidad de sobresalir, los integrantes no pueden cooperar y extreman las situaciones, hasta llegar a monopolizar el juego y aburrir a los demás. Juegos de actividades homogéneas permiten cumplir el deseo individual e ir, poco a poco, generando la cooperación necesaria; juegos donde todos son autos, carros, trenes o caballos, resultan ideales porque la tarea es idéntica y todos se pueden probar y afianzar en sus conquistas.

El proceso evolutivo avanza y la disciplina escolar y familiar se internaliza; hacia los nueve años aparece una nueva etapa: el niño logra auto-controlarse y puede someter sus impulsos a las necesidades grupales y aceptar las reglas impuestas por el grupo. Por lo que surgen grupos cohesionados, con ritos y tradiciones aceptados por todos, con líderes y lugartenientes, pandillas con conciencia de sí mismos y que enfrentan a los demás grupos del mismo tipo.

La característica del juego social de los niños más grandes, es la puntual obediencia a la ley; las reglas se han establecido y hay que cumplirlas. Una falta es sancionada inmediatamente por todos los jugadores. Existen asimismo innumerables ritos para elegir a los participantes o para iniciar el juego. A los niños les agrada recomenzar cada vez ciertos *ritos* con gestos y palabras especiales y hacer juramentos en circunstancias similares.

En este estado el niño puede llegar a unificar dos necesidades que antes vivía como antagónicas: el beneficio personal y la socialización que impone el grupo. Ahora comprende que ambos se condicionan y que se puede lograr tanto o más beneficio de su conducta, cuanto más sociable sea su actitud.

Los juegos evolucionan por el aumento de reglas y por su cumplimiento de parte del niño, así como por una división del trabajo más especializada y con mayor diferenciación.

En los niños surge la preocupación por tratar de equilibrar al máximo, las capacidades de los integrantes de los bandos para asegurar una mayor solidez grupal, una lucha equilibrada y, por lo tanto, más duración, producto de una atracción mayor del juego.

Existen los jefes aceptados por los grupos, quienes eligen a los integrantes de los equipos; en la etapa anterior, éstos seleccionaban a sus jugadores por razones puramente afectivas y de amistad; en segundo nivel, los jefes tratan de elegir a los integrantes más habilidosos para triunfar en el juego y pueden dejar de lado sus amistades; generando con ello tales desigualdades, que el juego muere, por el aburrimiento que causan las diferencias. En un nivel superior, y con un grado de socialización más alto, los jefes discuten las habilidades de los distintos jugadores y se hacen concesiones mutuas para tratar de equilibrar las fuerzas de los dos grupos de competidores.

En un último nivel de desarrollo, los jefes organizan su propio grupo competitivo, incluyendo las habilidades individuales, de forma que, en la división del trabajo interna, cuentan con los especialistas necesarios para las necesidades del juego en sí.

Esta evolución general del juego nos muestra la importancia capital que tiene en el desarrollo total del niño, en la conformación de una personalidad sana y equilibrada y en el valor de las relaciones sociales que estructura.

# *Experiencias curriculares por medio del aprendizaje por el juego* | 2

Desde hace muchos años, todos los pedagogos coinciden en que los niños pueden aprender a través del movimiento y del juego de una forma mucho más eficaz y agradable. Sin embargo, no abunda la literatura que enfatice el valor del juego en el aprendizaje y sus bondades en la enseñanza. De la misma manera, son pocas las experiencias educativas desarrolladas al respecto. Por tal motivo, se presentan a continuación algunas de estas experiencias sistemáticas y sus logros.

## Las experiencias escolares de Vanves

En *Las experiencias ecolares de Vanves* se propuso realizar un régimen de equilibrio entre las actividades intelectuales y las físicas. Esta experiencia de pedagogía experimental se desarrolló a partir de 1950, en sucesivas aplicaciones hechas por el doctor Max Fourestier, en la pequeña ciudad de Vanves de 25 000 habitantes, del suburbio sur de París. Fourestier, médico inspector de las escuelas de Vanves en Francia, relata: "Cuando fui nombrado médico escolar, en 1940, comprendí bien pronto que las instituciones pedagógicas tendían realmente a destruir —desde la edad de siete años, desde el ingreso del niño a la escuela primaria— esa bella y armoniosa máquina física, moral e intelectual que es el ser humano cuando alcanza la edad del raciocinio."[1] Más adelante agrega: "¿Qué es lo que proporciona el régimen escolar tradicional? Seis horas diarias de clase y, como única compensación física —aparte de los pocos minutos de recreo en el patio de la escuela (un espacio embaldosado, de reducidas dimensiones)— dos periodos de 30 minutos de gimnasia, mal encarada, practicada con fastidio, cubiertos los niños con sobretodo, entre una lección de geometría y otra de historia. El 80% de los niños eran portadores de alguna imperfección física, fisiológica o morfológica; el 60% se sentían realmente desdichados por tener que vivir en un 'cuartel' escolar; en síntesis, niños que aprendían mal, sin alegría, y como sometidos a una fatalidad social contra la cual se sublevaban sus instintos. En apariencia eran sujetos 'normales' según los cánones de nuestra civilización, pero en la realidad, deficientes, aminorados con relación a las normas del desarrollo morfo-fisiológico de la especie animal de la cual forman parte."[2]

*Objetivo del ensayo*

Reducir al mínimo las horas consagradas a las disciplinas escolares intelectuales —respetando, sin embargo, el programa oficial— para destinar más tiempo a los ejercicios físicos, y obtener un mejor desarrollo fisiológico y, por ende, un mejor rendimiento intelectual. Los alumnos de las clases experimentales fueron comparados con los de las clases corrientes, de la misma edad. La comparación se hizo tanto en el orden intelectual y cultural, como en lo que respecta al estado de salud, desarrollo físico, actividades deportivas y hasta ciertas cualidades morales.

---

[1] Fourestier, Max. *Las experiencias escolares de Vanves*. Folleto editado por El Ministerio de Educación y Justicia. Folleto II. Dirección General de Educación Física, Argentina, p. 5.
[2] *Op. Cit.*, p. 6.

## Horario de actividades

**Clase experimental:** de 8.30 a 11.30 y de 13 a 18 hrs. Estudio obligatorio de 17 a 18 hrs., excepto el sábado, en que los niños quedan libres a las 16.30 (esto es una tradición de la escuela). Jueves libre. La tarde del lunes estaba reservada a las materias especiales (trabajo manual, dibujo, canto). Así pues, el total era de 38 horas semanales.
**Clases corrientes:** de 8.30 a 11.30 y de 13.30 a 18 hrs., jueves y sábado igual que la clase experimental. Total: 36 horas semanales.

## Distribución de las actividades físicas e intelectuales

En la clase experimental, todas las mañanas están ocupadas por el trabajo intelectual propiamente dicho, el cual se reanuda a la tarde, de 17 a 18 hrs. Una tarde por semana se consagra a las materias especiales (trabajo manual, dibujo, canto, etcétera) y cuatro a la educación física, bajo la dirección de un profesor de la especialidad: gimnasia, iniciación deportiva (campo de juego, pista, alberca), juegos en el parque, remo, etcétera. Cada tarde destinada a educación física incluye dos siestas: una que prepara para el esfuerzo (de 13 a 13:30 hrs.) y la otra de *descontracción* y relajación (de 16.30 a 17 hrs.) antes de reanudar el trabajo intelectual (17 a 18 hrs.) y después de una comida sustancial a base de leche y fruta, con un régimen vitamínico dosificado.

*RELACIÓN ENTRE EL NÚMERO DE HORAS
SEMANALES DE ACTIVIDAD FÍSICA (F) E INTELECTUAL (I)*

$$\text{La relación es: } R = \frac{F}{I}$$

$$\text{clase tradicional: } R = \frac{07 \text{ hrs.}}{29 \text{ hrs.}} = \frac{1}{4} \text{ (aproximadamente)}$$

$$\text{clase experimental: } R = \frac{17\ 1/2 \text{ hrs.}}{20\ 1/2 \text{ hrs.}} = \frac{1}{1}$$

Así, los alumnos de la clase experimental, que tienen semanalmente dos horas más de asistencia (38 en lugar de 36), consagran a la actividad física el triple del tiempo que sus compañeros del régimen tradicional. En realidad, no se trata sólo del aspecto cuantitativo: la calidad de su educación física es también superior. Los beneficios corporales que reciben no pueden compararse siquiera con los *recreos* de la enseñanza corriente, que abarca 4 1/2 hrs. de las siete consagradas al *cuerpo*, ni tampoco con las 2 1/2 hrs. tradicionales de gimnasia. Los ejercicios físicos son mucho más provechosos, porque el tiempo que se destina a ellos y al trabajo intelectual durante cada día está bien delimitado, y porque los esfuerzos físicos están racionalmente dosificados. En síntesis: con relación a sus camaradas de los cursos corrientes, los niños de las clases experimentales obtienen enormes ventajas.

*Reducción aceptable del programa escolar*

La reducción de 8 1/2 horas semanales de labor intelectual (20 1/2 contra 29) para los alumnos del curso experimental, representa:

| Asignaturas: | curso: experimental | | corriente |
|---|---|---|---|
| 2 hrs. de actividad dirigida, o sea | 0 | y | 2 hrs. |
| 1 1/2 hrs. ciencias aplicadas | 1 1/2 | " | 3 " |
| 1 h. de moral e instrucción cívica | 1 | " | 2 " |
| 1 h. de francés | 5 | " | 6 " |
| 1 h. de cálculo | 4 | " | 5 " |
| 1 1/2 h. de historia y geografía | 2 1/2 | " | 3 " |
| 1/2 h. dibujo | 1 | | 1 1/2 |
| 1/2 h. de trabajos prácticos | 1 | " | 1 1/2 |
| 1/2 h. de educación musical | 1/2 | " | 1 |
| 8 1/2 hrs. en total | 16 1/2 hrs. | | 25 hrs. |

Agregando en cada caso las 4 horas de estudio, se obtienen los totales de 20.30 hrs. y 29 hrs. respectivamente.

*Resultados de la experiencia pedagógica*

A continuación se indican los notables efectos de tres años de educación física racional, sobre el desarrollo morfo-fisiológico de un grupo de niños cuya edad media era de 11 años y medio, al comienzo de la experiencia: aumento de talla cerca de 7 cm. y ganancia de peso de cerca de 2 kg. con relación a los niños de los cursos corrientes. Puede afirmarse, por cierto, que si todos los niños de nuestro país fueran sometidos al nuevo régimen, se crearía una "nueva raza de adolescentes".

Además de las transformaciones morfológicas, he aquí las comprobaciones propiamente médicas que pudieron realizarse: muchas posturas viciosas (cifosis, espalda plana, etcétera) e insuficiencias torácicas (totales o parciales) han desaparecido o mejorado notablemente; el número de enfermedades menores (bronquitis, rinofaringitis, desórdenes intestinales) se redujo en forma considerable, lo que dio como resultado una disminución apreciable del ausentismo escolar.

La auscultación de los niños mostró ritmos cardiacos y tensiones arteriales absolutamente normales.

Otra comprobación de valor: la desaparición del eretismo cardiaco, tan frecuente en esta edad. Notamos también una aparición relativamente precoz de los signos puberales en un número bastante elevado de niños, y, por último, la persistencia de la pigmentación cutánea, por el hábito de exponerse a los rayos solares, favorecida en el verano por las numerosas sesiones al aire libre.

La educación física y la iniciación deportiva fueron ampliándose gradualmente, pero siempre de conformidad con el potencial físico de los niños y bajo un minucioso control médico. Es decir, que en ningún momento se les sometió a esfuerzos desproporcionados, hecho que, por otra parte, se confirma por los resultados del final de la experiencia. Merece destacarse además la impresión de "euforia física" que se desprendía del conjunto de la clase. Las cifras del cuadro adjunto demuestran que, a pesar de la reducción en el curso experimental del tiempo consagrado a las actividades intelectuales, los alumnos del curso experimental obtuvieron resultados muy similares a los de sus compañeros, en el examen de *Certificado de Estudios Primarios*. En 1954, estos niños superaron a los otros en sus estudios en un 84% contra un 78%.

*ALUMNOS QUE APROBARON EL EXAMEN DEL CERTIFICADO DE ESTUDIOS PRIMARIOS*

| *Antes de la experiencia* | AÑO | CURSO CORRIENTE | | | CURSO EXPERIMENTAL | | |
|---|---|---|---|---|---|---|---|
| | | Presentados | Aprobados | % | Presentados | Aprobados | % |
| | 1945 | 13 | 9 | 69 | | | |
| | 1946 | 22 | 16 | 72 | | | |
| | 1947 | 19 | 14 | 73 | | | |
| | 1948 | 19 | 14 | 73 | | | |
| | 1949 | 12 | 10 | 83 | | | |
| | 1950 | 13 | 11 | 84 | | | |
| 1a. EXPERIENCIA (en el primer año) | 1951 | 36 | 32 | 88 | 15 | 14 | 93% |
| | 1952 | | | | 14 | 13 | 92% |
| 1a. EXPERIENCIA (2o. año) | 1953 | 26 | 24 | 92 | 11 | 10 | 90% |
| 2a. EXPERIENCIA (en 3 años) | 1954 | 32 | 25 | 78 | 13 | 11 | 84% |

*Los resultados intelectuales del nuevo régimen*

Si tomamos en cuenta el porcentaje de alumnos que aprobaron el examen correspondiente de CEP, se puede afirmar que no se perjudicó, de ningún modo, la formación intelectual de los niños. Pero hay algo más: la alegría que experimentaban al concurrir a la escuela; otra razón, de orden psico-somático que explica la desaparición del ausentismo escolar, lo cual constituye moralmente una transformación radical y una modificación de los hábitos y del clima psicológico colectivo de la clase. Se pudo apreciar, asimismo, un acrecentamiento de la gentileza, el afecto y la disciplina. Si aplicáramos a los franceses, durante toda su juventud, este régimen, conseguiríamos no solamente una raza fisiológicamente nueva, sino que "haríamos", también, hombres nuevos moralmente y fraternales con los otros.

*Calendario de las experiencias*

*Primera experiencia*
Se desarrolló entre octubre de 1950 y julio de 1951, en un grupo del último año de estudios primarios con niños de 13 a 14 años de edad, de la escuela *Gambetta*, de Vanves. El examen del Certificado de Estudios Primarios (CEP) fue el *test* con el que se juzgó a los alumnos. Los resultados fueron enviados a la Academia Nacional de Medicina, con la firma de los señores Fourestier, David y Huguet. La resonancia extraordinaria de este comunicado, tanto en Francia como en el extranjero, traducía la concreción de una aspiración latente en el ámbito educativo y en todos los sectores sociales del país, en el sentido de llegar a un cambio radical de nuestros sistemas pedagógicos.

*Segunda experiencia*
Fue la más importante, pues prosiguió durante tres años con niños que tenían 11 años de edad, al comenzar la experiencia, en octubre de 1951. Los resultados se juzgaron por el examen de CEP.

*Tercera experiencia*
De octubre de 1952 a julio de 1956 —durante cuatro años— se desarrolló otra experiencia con niñas que tenían de 8 a 9 años en la etapa inicial. Fue evaluada, en el orden intelectual, por los resultados del examen de ingreso al segundo curso.

*Cuarta experiencia*
En octubre de 1955 comenzó otra experiencia con una clase del curso complementario de nuestra escuela. Es ésta una tentativa de extensión del experimento a la enseñanza de liceos secundarios.

*Conclusiones de los autores de la experiencia*

Consideramos que este sistema es el único recomendable y que debe generalizarse su aplicación dentro del más breve plazo, con un programa de educación física e iniciación deportiva adaptado a la edad de los niños. Además, opinamos que el método puede aplicarse con éxito también a la enseñanza secundaria.

Es verdad que existen serias dificultades para implantar el nuevo sistema; escasez de profesores de educación física; carencia de instalaciones: gimnasios, albercas y falta de recursos financieros. Sin embargo, no creemos que las experiencias de Vanves sean de "lujo", imposibles de aplicar en gran escala. Por ejemplo, dentro de la misma organización actual, podrían sustituirse los dos periodos tradicionales de gimnasia, de media hora cada uno, por dos tardes dedicadas por completo a la educación física. En toda instalación escolar deberían exigirse algunas instalaciones deportivas multiusos.

En realidad —y éste es nuestro temor— creemos que la principial dificultad es la rutina pedagógica y que el obstáculo que la misma representa es superior a los inconvenientes de la falta de recursos o de las dificultades de la aplicación práctica.

**Nota:** Para los niños de 7 a 9 años se recomienda maestros de juegos. Después de Vanves y con la aprobación del Ministro de Educación Nacional Francés, se realizaron otras experiencias similares en diversas regiones del país, con resultados igualmente favorables.

## El proyecto de Charleston: una escuela para pensar

La aplicación de la teoría de Piaget a la práctica educativa fue realizada por los psicólogos Hans G. Furth y Harry Wachs, en *Tyler Thinking School* o *Escuela para pensar de Tyler*, en el suburbio de Charleston, Virginia Oeste[3] conjuntamente con un equipo de trabajo que ambos asesoraban, luego de desarrollar el proyecto que se

---

[3] Furth H. G. y Wachs H. *La teoría de Piaget en la práctica*. Buenos Aires, Ed. Kapelusz, 1978. (El informe de toda la experiencia se encuentra resumido en este libro.)

llevó a cabo durante un periodo de dos años. La experiencia se inició en septiembre de 1970.

"Nuestra propuesta —dicen los autores del proyecto— fue establecer un programa general que comenzara en el jardín de infantes, en el primer grado, para que lentamente se extendiera al segundo y tercer grados. El objetivo era ayudar y nutrir el proceso normal de desarrollo del pensamiento del niño en edad escolar, subordinando todas las actividades escolares a este primer objetivo. Una de las mayores ventajas de este programa sería la prevención de los fracasos escolares y los problemas de aprendizaje. . ."[4]

Los objetivos a largo plazo que se plantearon fueron:

" 1. Desarrollar el hábito de un pensamiento creador independiente.
2. Desarrollar en el niño una imagen positiva de sí mismo.
3. Desarrollar actitudes de cooperación social y responsabilidad moral.
4. Desarrollar conciencia y la apreciación de las personas, cosas y hechos del ambiente.
5. Desarrollar la aptitud en las tareas básicas de la lectura, escritura y aritmética."[5]

*Programa de actividades*

Este proyecto introdujo una teoría como la de Piaget que era totalmente nueva en el marco tradicional, por cuanto los generadores de la experiencia consideraban que para poder llevar una modificación en la práctica educativa, se debe apoyar en una base teórica fuerte que permita sustentar criterios para seleccionar y evaluar sus objetivos y actividades.

Se preocuparon en proporcionar a los niños una gran cantidad de actividades estimulantes para que los estu-

---
[4] Furth y Wachs. *Op. Cit.*, p. 52.
[5] Furth y Wachs. *Op. Cit.*, p. 25.

diantes pudieran desarrollar y ejercitar sus comportamientos en áreas con pocas o muchas condiciones propias. Siempre se tuvieron muy en cuenta las diferencias individuales y se consideraron las diferentes actividades como aprendizaje: la lectura, escritura o las matemáticas, etcétera.

Organizaron en nueve categorías las actividades de la "escuela para pensar", a saber:

1. Juegos para el pensamiento sensorio-motor.
2. Juegos para el pensamiento lógico.
3. Actividades para el pensamiento social: dramas, excursiones, juegos con mímica, etcétera.
4. Lectura y escritura.
5. Aritmética.
6. Ciencia.
7. Artes y oficios.
8. Música.
9. Educación física.

Furth y Wachs consideraban las tres primeras categorías como los juegos propios de los niños, pero partían del principio de que para el niño: jugar es pensar. Las seis categorías restantes son las materias tradicionales de la escuela primaria, pero se transformarían metodológicamente para impartirse dentro de la concepción de una "escuela para pensar".

Los juegos para pensar que estos autores consideraron son:

- Juegos para el pensamiento motor general, que comprenden: juegos para desarrollar el control del reflejo, para desarrollar la imagen mental del cuerpo; para desarrollar la coordinación de los ejes corporales, para desarrollar el equilibrio del cuerpo; para desarrollar la acción coordinada.
- Juegos para el pensamiento motor discriminativo, que comprenden: juegos para el desarrollo del pensamiento motor; para desarrollar el movimiento de enfocar; para el desarrollo de la imagen mental

de los movimientos del ojo; para desarrollar la trayectoria ocular; para desarrollar la fijación "sacádica" del ojo; para la convergencia ocular; digitales para el desarrollo del pensamiento motor; con los labios y la lengua para el desarrollo del pensamiento motor.
- Juegos para el pensamiento visual, que comprenden: juegos con bloques de madera, con clavijeros, con el taquistoscopio, con materiales varios.
- Juegos para el pensamiento auditivo.
- Juegos para el pensamiento manual.
- Juegos para el pensamiento gráfico.
- Juegos para el pensamiento lógico, que comprenden: selección por atributos; atributos superpuestos; ordenar y seriar; permutaciones; clasificación cruzada; dibujo lógico-simbólico; probabilidad; perspectiva visual.
- Juegos para el pensamiento social, que comprenden: experiencias dramatizadas, juegos preparatorios; juegos para que toda la clase participe; para grupos pequeños; experiencias fotográficas; excursiones y experiencias.

Toda esta clasificación incluye 179 juegos distintos.

*Distribución del tiempo para las actividades*

TABLA DE DISTRIBUCIÓN DE LAS ACTIVIDADES EN PORCENTAJE [6]

| *Actividades para el pensamiento* | *Jardín de infantes* | grado 1o. | grado 2o. | grado 3o. |
|---|---|---|---|---|
| Sensorio-motor | 45 | 45 | 25 | 5 |
| Lógico | 5 | 15 | 20 | 20 |
| Social | 10 | 10 | 15 | 15 |
| Lectura, escritura y ciencia |  | 15 | 25 | 45 |
| Arte y música | 10 | 5 | 10 | 10 |
| Educ. física | 30 | 10 | 5 | 5 |

[6] Furth y Wachs. *Op. Cit.*, p. 67.

## Conclusiones

El proyecto de Charleston lamentablemente sólo duró dos años académicos, pero los autores afirman que: "Sin embargo, la experiencia de estos dos años fue muy beneficiosa y provechosa para los niños y los maestros. Ante todo demostró que sus principios, sugeridos en el libro de Furth H. G., *Las ideas de Piaget*, pueden ponerse en práctica. Al respecto, la experiencia obtenida en este proyecto es invaluable y complementa así la base teórica de la 'escuela para pensar.'"[7]

"Los factores que limitaron el desarrollo del proyecto fueron, según los propios autores, específicamente que no se tuvo un apoyo o cooperación suficientemente fuerte y faltaron algunas personas competentes de inventiva, lo cual obligó a buscar un logro académico prematuro."[8]

Para una escuela de estas características se necesita un apoyo activo de los niños, los padres, la comunidad que rodea la escuela, el gobierno, los mismos maestros y la escuela en la que se realiza la experiencia. Más adelante señalan: "Nuestro proyecto se vio particularmente entorpecido por la falta de personas adecuadas. Esto incluyó nuestra propia distancia física del proyecto.* También existió la constante presión por mostrar los resultados que se obtenían en plazos cortos siguiendo las pruebas *estándar* de lectura, y además la necesidad constante de justificar el programa, no en términos del mismo, sino en términos de la tendencia tradicional de palpar los resultados inmediatos."[9]

Finalmente, Furth y Wachs consideraron que las razones comunes por las que los niños fracasan y tienen

---

[7] Furth y Wachs. *Op. Cit.*, p. 267.
[8] *Ídem*.
[9] *Op. Cit.*, p. 268.
* Ambos autores vivían en diferentes ciudades, lejos de Charleston; por lo que, desde septiembre a diciembre, cada quince días, pasaban dos días consecutivos trabajando en las aulas con los maestros; después, viajaron una vez por mes aproximadamente y al inicio del segundo año dos veces por mes y posteriormente una vez al mes.

problemas en el aprendizaje de la escuela elemental son: 1. inmadurez neurológica; 2. falta de preparación para comportarse, y 3. ausencia de motivación. Por lo que resulta necesario modificar revolucionariamente el sistema educativo y sus objetivos por dos motivos fundamentales: . . .primero, para asegurar el desarrollo saludable integral del niño y, segundo, para evitar los fracasos presentes en el aprendizaje.

"La tendencia básica de la 'escuela para pensar' está dirigida esencialmente hacia este objetivo: la salud intelectual."[10]

## El proyecto de *Educación no formal* de la Universidad de Massachusetts en el Ecuador, América Latina

El proyecto de *Educación no formal* de la Universidad de Massachusetts en la nación ecuatoriana, se inició el 1o. de enero de 1972.\*. En este proyecto, los organizadores se propusieron crear materiales y procesos que pusieran en práctica algunos de los principios de educación no formal para intentar así, explorar las posibilidades de educación rural en el punto opuesto de los costosos sistemas de educación formal.

Se elaboraron materiales de aprendizaje que podían ser utilizados por personas no profesionales. El mayor esfuerzo se concentró en desarrollar juegos que obligaran a la participación y estimularan el diálogo; que fueran útiles para la alfabetización, el aprendizaje de las matemáticas y las técnicas para despertar el conocimiento de sí mismo.

Como ya se dijo, estos materiales estaban pensados para ser utilizados por individuos no profesionales, quie-

---

[10]*Op. Cit.*, p. 270.

\* Nota del autor. Todos los datos que aquí se presentan están tomados de la revista *Educación Hoy. Perspectivas Latinoamericanas,* Año VI, enero-febrero, 1976, No. 31. Bogotá, Colombia. Se puede obtener mayor información en: Center for International Education, University of Massachusetts, Amherst, Mass. 01002.

nes se apoyan en el principio de que un individuo puede aprender de otro en forma recíproca y que para educar no se requiere, necesariamente, poseer el título de profesor.

El apoyo partió del método de enseñanza de Sylvia Ashton Warner, de Nueva Zelanda,[11] según el cual crea auto-confianza y habilidades básicas de lectura y escritura como introducción a la alfabetización de los campesinos. Además, dicho método incluía la discusión como parte integral de la creación de habilidades, y permitía, asimismo, preparar el terreno para utilizar la dinámica del método de Paulo Freire,[12] sin necesidad de invertir el tiempo ni las habilidades y conocimientos especializados que demanda. Por lo que se hizo una adaptación de los dos y se conformó: *el método de diálogo*, mismo que se presentó a los líderes campesinos seleccionados para participar en el curso de entrenamiento; demostrando ser comprensible y aceptable para ellos. Por último, llegó a constituirse en la principal herramienta entre los materiales de educación no formal.

Con esta base teórica, el personal del proyecto (en la revista citada está relatado por el Dr. James Hoxeng), se comenzaron a desarrollar los primeros materiales en juegos y técnicas participativas similares, en forma piloto; serían utilizados en sesiones previas, para que de acuerdo con los resultados, fueran modificados posteriormente, de acuerdo con las experiencias de campo. "Una de las primeras y más fructíferas ideas fue la de utilizar juegos como una forma de involucrar o lograr la participación de las personas, darles práctica en las habilidades o destrezas que necesitaban y proporcionarles el tipo de intercambio de grupo que se juzgaba necesario para el diálogo y la toma de decisiones. La idea de los juegos estaban también en armonía con nuestro objetivo de evitar la solemnidad, favoreciendo la confianza y la camaradería. El único problema era que nadie sabía si los campesinos estarían interesados en participar en juegos y,

---

[11] Ashton-Warner. *Teacher*. Nueva York, Ed. Simon Schuster, 1963.
[12] Freire, Paulo. *Pedagogía del oprimido*. México, Ed. S. XXI.

si lo estaban, qué tipo de juegos preferirían."[13] Se desarrolló una experiencia piloto con un juego denominado *Hacienda* y sobre el cual, el autor dice: ". . . el primer grupo de campesinos que practicó este juego (la mayoría de los cuales eran solamente integrantes de grupo y no destacados líderes) lo jugó durante ocho horas y sus miembros demostraron ser más peritos que los *gringos* para intervenir en un sociodrama, para argüir, negociar, hacer tratos y en general para disfrutar enormemente.[14]

Se trabajó sobre tres ejes técnicos:

*Técnicas de alfabetización y aritmética elemental*

Se utilizaron juegos de fluidez para aumentar la confianza y habilidad de los campesinos en operaciones básicas de alfabetización y aritmética elemental, se copiaron ideas de juegos disponibles en los mercados de Estados Unidos y se inventaron otros. Algunos fueron:

Dados de letras; dados de números; *rummy* de palabras; ruleta; bingo matemático; el mercado; el burro (juego de cartas de multiplicación); etcétera.

*Técnicas expresivas*

Se idearon algunos ejercicios como estímulo, para que la gente expresara sus opiniones y dialogara entre sí. Los pasos fueron incorporados del método Ashton-Warner:

a) Crear un clima de confianza; generar el "compañerismo" en vez de la relación de autoridad profesor-alumno. Enfatizar que ninguna persona tiene todas las respuestas, que todos deben sentirse con libertad de hablar.

---

[13] Hoxeng, James. "Dejen que Jorge lo haga. Enfoque de la Educación Rural No formal". Revista *Educación Hoy*. Año VI, enero-febrero, 1976. No. 31, p. 13.
[14] Hoxeng, James. *Op. Cit.*, p. 14.

b) Solicitar a cada participante la palabra o frase para ese día: cualquier tipo de idea, problema o concepto que le resulte más importante en esos momentos; la palabra debe ser escrita en la libreta del participante.
c) Practicar la escritura de la palabra o frase con ayuda de los asesores y compañeros.
d) Escribir en el pizarrón la palabra, para que todos participen y se pueda crear confianza.
e) Escribir cuentos, comenzando solamente con dos o tres palabras, pero relatando lo que los participantes desean expresar; este paso es el más difícil y a veces se omite o pospone.
f) Reflexión, participación de todos en la palabra o cuentos, discusión de la relación con la vida de los participantes, consideración de problemas y soluciones, etcétera.

## *Técnicas para despertar el conocimiento de sí mismo*

Para esto se utilizaron diferentes juegos como: cooperativa; feria; nutrición. Grabación en cassettes de las discusiones, que muchas veces se pasaron por radio. Los organizadores del proyecto consideran que esto tiene efectos positivos sobre la imagen que tienen de sí mismos los campesinos. Fotonovelas, por ser un medio popular en Latinoamérica, se realizó una con temas y personajes campesinos.

## *Los materiales*

Era necesario generar materiales atractivos, automotivadores, para utilizarlos con una pequeña ayuda externa para que a su vez, estas personas pudieran realizar otros materiales por su propia cuenta, para que de esta forma tomaran parte activa en su propio aprendizaje. También tenían que ser baratos, por esta razón, sólo se construían dados de madera, barajas sencillas y juegos como el del lanzamiento de anillos o ruletas sencillas, de fácil construcción. Su uso debía producir motivación y divertir, por lo que se utilizaron, entre otros, juegos de apuestas y competencias que se pudieran modificar y adaptar a las circunstancias locales, también se realizaron juegos populares locales. Todos ellos con reglas muy flexibles en las que cada grupo o comunidad tendía a desarrollar su propia versión del juego.

*Estilos del juego*

Los estilos del juego han variado mucho en relación con la preferencia de los participantes. Entre los mismos campesinos ecuatorianos existe una gran diferencia. A los estilos se les puede clasificar como tradicionales o que reflejen la realidad; modernos y orientados hacia la dramatización. Sin embargo, muchos se superponen.

Ejemplos de algunos juegos:

*Naipes de sílabas*

El juego consiste en 66 naipes y pueden participar hasta 6 jugadores.

1. Cada jugador recibe 7 naipes. El resto es colocado cara abajo en el centro de la mesa, con un naipe cara arriba, a un lado de los demás.
2. Los jugadores tratan de hacer palabras con los 7 naipes y las ponen cara arriba en la mesa antes de que empiece el juego. A esto se le llama "el golpe", los jugadores tienen un punto en contra por cada naipe que no puedan usar; no se pueden hacer palabras con el juego de los otros.
3. Si nadie da el golpe, el juego empieza con el jugador a la izquierda del que repartió los naipes; éste saca un naipe del centro y trata de formar palabras, mientras va descartando naipes. Los otros deben verificar las palabras en la mesa y comprobar su validez.

4. El primer jugador que forme palabras con todos sus naipes gana. Los demás tienen un punto en contra por cada naipe que tengan en sus manos. Condiciones del juego: edad del grupo de 10 a 60 años o más. Su práctica ayuda a los participantes en la construcción de palabras, desarrollo de vocabulatrio, sintaxis y ortografía, genera ideas y temas.

*El mercado*

Este juego está diseñado para dar práctica y habilidad en las operaciones del mercado. El juego puede ser efectuado dondequiera, y enseña la gran variedad de alternativas que existen en los negocios de compra-venta en el mercado. El juego tiene dos alteros de naipes: uno de 65 naipes que representa el dinero; el otro, de 62 cartas, representa lo que se compra habitualmente en el mercado. Los naipes que representan los artículos del mercado tienen escrito el nombre del artículo y un retrato del producto, el precio por unidad y el número de unidades del valor de cada naipe. De cada altero de naipes, se le dan 3 a cada jugador, los cuales se ponen cara arriba frente al participante, encima de la mesa; también la última carta de cada altero se voltea hacia arriba. Los jugadores tratan de juntar dinero y productos. Por ejemplo, billetes de S/.50 y S/.1 pueden ser combinados con 5 aguacates a S/.2.00 y con 4 mts. de lazo a S/.10, etcétera. Los jugadores toman cartas en rotación y no tienen que descartar ninguna. Al comprar mercancía, los naipes de dinero se ponen cara arriba en la mesa para inspección de los otros jugadores. El jugador que se queda primero sin cartas es el que gana.

Condiciones del juego: edad del grupo: de 8 a 60 años o más. Sirve para desarrollar habilidades en las operaciones de suma, resta, multiplicación y división. Así como para desarrollar habilidades de medición y cambio en unidades de circulación. Pueden jugar de 2 a 8 participantes.

## Conclusiones (después del primer año del proyecto)

- Experimentar la necesidad de alfabetización constituye la fuerza motivadora suficiente para que un grupo de personas se reúna para la realización de sesiones diarias durante un periodo de varios meses.
- Los mismos campesinos pueden conducir las clases para sus demás compañeros sin que tengan un entrenamiento extensivo; son aceptados por ellos como "facilitadores", quienes, a su vez, evitan el comportamiento tradicional del liderazgo.
- Las poblaciones rurales casi no tienen dificultad para entablar diálogos y reflexionar sobre proyectos concretos.
- El proceso anterior está apoyado por los juegos en el reforzamiento del aprendizaje; la conceptualización de las relaciones y la destrucción de las imágenes estereotípicas de la situación del aprendizaje.

# *Encuadre metodológico del trabajo* | 3

Hoy en día, gracias al importante avance de la psicología evolutiva, nos encontramos con la gran novedad que, dentro de esta área del conocimiento, se ha producido una síntesis interdisciplinaria muy compleja y sumamente prometedora para el estudio del desarrollo infantil. Así, en este campo, se entrecruzan disciplinas muy diversas: desde la etología, la epistemología, la lingüística, la comunicación, la cibernética, etcétera; pasando por las diferentes teorías y ramas de la psicología, por lo que cada vez resulta más difícil aproximarse a su estudio. Para el encuadre metodológico de los juegos educativos, analizaremos algunos referentes que nos resultan de gran utilidad y que son fundamentales en el trabajo operativo concreto.

La educación por medio del juego permite responder a una didáctica activa que privilegia la experiencia del niño, respetando sus auténticas necesidades e intereses, dentro de un contexto educativo que asume la espontaneidad, la alegría infantil, el sentido de libertad y sus posibilidades de autoafirmación y que en lo grupal, recupera la cooperación y el equilibrio afectivo del niño en el grupo de pares.

Los parámetros teóricos que encuadran el método de trabajo son:

## Todo juego es conducta

Considerando que la conducta es todo aquello que el niño realiza, siente y piensa, partimos de adoptar la definición de Lagache, quien la entiende como: "El conjunto de operaciones (fisiológicas, motrices, verbales y mentales) por las cuales un organismo en situación reduce las tensiones que lo motivan y realiza sus posibilidades."[1]

La conducta siempre comprende tres áreas, de acuerdo con Pichón Riviére, quien las numeró y esquematizó de la siguiente forma:

1. Área de la mente
2. Área del cuerpo
3. Área del mundo externo

Por su parte, Bleger señala: "Siempre la conducta implica manifestaciones coexistentes en las tres áreas; es una manifestación unitaria del ser y, por lo tanto, toda modificación de una de las áreas produce un fenómeno similar en las otras dos. Desde luego que de acuerdo con el tipo de conducta, siempre predomina en un momento dado una sobre las otras."[*] Por ejemplo, cuando, por medio del juego infantil, el maestro trabaja sobre el área dos o área del cuerpo, simultáneamente está modificando y operando educativamente en el desarrollo cognoscitivo y transformando de manera positiva las relaciones afectivas y sociales del grupo de los niños.

## El juego es vital para el desarrollo infantil

En los seres humanos, excepto algunos elementos invariables y esenciales en los que se apoya todo el desarrollo evolutivo posterior —como la organización y la adaptación— las diferentes estructuras que se generan en el

---

[1] Lagache, citado por Bleger en *Psicología de la conducta*. Buenos Aires, Ed. Paidós, 1979, p. 29.
[*] *Op. Cit.*, p. 29.

proceso de desarrollo son producto de una constante autoconstrucción. Estas distintas estructuras, como por ejemplo las motrices, la inteligencia, las afectivas y muchas otras, se van configurando por la interacción de la actividad del sujeto y las modificaciones del medio. A cada etapa le corresponde un conjunto de estructuras, tanto en lo orgánico como en lo psíquico; estos distintos niveles son secuenciales. Cada uno se va a constituir en un apoyo para la elaboración del siguiente, por lo que es imposible saltar o no pasar por una etapa; a lo sumo, se puede estancar el desarrollo en ciertas etapas, sin poder alcanzar las siguientes, es el caso de los niños anormales o diferenciados.

Para la teoría psicogenética, el desarrollo consiste en la construcción de estructuras progresivamente más equilibradas; o sea, que el sujeto logra un mayor grado de adaptación a su medio ambiente, entendiendo por adaptación, un estado de equilibrio de la organización biológica en su medio. Desde el enfoque de la conducta, es un estado de equilibrio entre la asimilación y la acomodación; por lo que la adaptación se compone de esta dupla interrelacionada: asimilación-acomodación. La primera consiste en el proceso de "incorporación" mediante una acción operativa de nuevos objetos, vivencias y experiencias, a la estructura mental; la segunda es un aspecto de la actividad cognitiva que implica la modificación de las estructuras sensorio-motrices o mentales, en función de los objetos de la realidad. Por lo que la estructura está ligada a la necesidad de todo ser vivo de organizar sus distintas funciones.

La teoría psicogenética considera al juego como condición y expresión del desarrollo infantil, cada etapa evolutiva está indisolublemente ligada a cierto tipo de juegos, lo podemos ver en el cuadro de la página 56 en el que se desarrolla la teoría de J. Piaget y H. Wallon, comparativamente y se correlaciona la clasificación de los juegos de acuerdo con la teoría *piagetana*.

Piaget no abordó el campo de lo pedagógico, pero si bien no lo realizó en forma directa, su teoría brinda gran cantidad de elementos y sugerencias para los maes-

| AUTORES: | J. PIAGET | H. WALLON | JUEGOS |
|---|---|---|---|
| Nacimiento | | Vida intrauterina | |
| Mes 1 | Período de los Reflejos. Primeras tendencias y primeras emociones (0-3 meses aproximadamente). | 1er. Estadio impulsivo (0-6 meses aproximadamente). | |
| Mes 2 | | | |
| Mes 3 | | | |
| Mes 4 | Período de primeros Hábitos Motores y primeras percepciones organizadas (3-6 meses y 8-10 meses aproximadamente). | | JUEGO EJERCICIO |
| Mes 5 | | | |
| Mes 6 | | | |
| Mes 7 | | 2o. Estadio emocional (10, 12 meses aproximadamente). | |
| Mes 8 | | | |
| Mes 9 | | | |
| Mes 10 | | | |
| Mes 11 Primer año | | | |
| Mes 13 | Período del Lactante Período de la Inteligencia S. Motriz o práctica. (8-10 meses a 1.5-2 años aproximadamente). | 3o. Estadio Sensorio-Motor. (1 año a 3 años aproximadamente.) | |
| Mes 14 | | | |
| Mes 15 | | | |
| Mes 16 | | | |
| Mes 17 | | | |
| Mes 18 | | | |
| Mes 19 | | | |
| Mes 20 | | | |
| Mes 21 | | | JUEGO SIMBÓLICO |
| Mes 22 | | | |
| Mes 23 | | | |
| 2do. año | | | |
| 3er. Año | | | |
| 4o. Año | Período de la Inteligencia Intuitiva o período representativo pre-operatorio. (2-7 años aproximadamente). | Estadio de las personalidades intercambiables (transición entre 3o. y 4o estadio). 4o. Estadio Personalista. (3-6 años aproximadamente.) | |
| 5o. Año | | | |
| 6o. Año | | | |
| 7o. Año | | | |
| 8o. Año | Período de las Operaciones Concretas (7-11, 12 aproximadamente). | 5o. Estadio de la edad escolar (6-11, 12 años aproximadamente). | JUEGO REGLADO |
| 9o. Año | | | |
| 10o. Año | | | |
| 11o. Año | | | |
| 12o. Año | Período de las Operaciones Intelectuales Formales (11-12 años en adelante). | 6o. Pubertad Adolescencia (11-12 años en adelante). | DEPORTES |
| Adolescencia | | | |

tros. De acuerdo con su planteamiento, el aprendizaje depende y está determinado por el desarrollo. Piaget concibe el aprendizaje, en sentido amplio, como una función del desarrollo evolutivo; es necesario que el niño cuente con ciertas estructuras, ciertos esquemas, la maduración de algunas funciones, para que pueda lograr determinados conocimientos, destrezas motrices o hábitos.

La adquisición de un conocimiento implica su asimilación a los esquemas interpretativos previos del niño y la eventual modificación de éstos, según fueron incorporados. Los esquemas de asimilación del niño de acuerdo con el momento de desarrollo definen su competencia para el aprendizaje de los contenidos de la enseñanza; éstos se encuentran condicionados para ser abordados por el niño, de acuerdo con su capacidad operatoria. Por lo que la epistemología genética es, antes que nada, una teoría evolutiva del conocimiento; se puede decir que considera al "conocimiento" como un proceso, o sea, entiende al proceso cognitivo como un proceso de estructuración; es decir, el conocimiento se logra en la medida que el sujeto construye estructuras adecuadas para captar o comprender la realidad; siendo el juego un elemento esencial para captar y asimilar la realidad, resulta un elemento vital para el desarrollo infantil.

### Los juegos y la estructuración del espacio y el tiempo desarrollan la motricidad, el esquema corporal y afirman la lateralidad infantil

Los progresos del conocimiento están íntimamente asociados al progreso del sistema motor en el niño: las modernas concepciones psicológicas consideran que el movimiento resulta esencial para el desarrollo del psiquismo. La educación psicomotriz y el juego permiten un desarrollo integral.

Piaget demostró que el comportamiento senso-motriz de los primeros años es el punto de partida de la formación del conocimiento; las relaciones entre los actores reales y los mentales son más íntimas de lo que se puede pensar; las operaciones mentales no son más que formas interiorizadas de las operaciones concretas. El juego, primeramente el juego ejercicio y más tarde el juego simbólico y el juego reglado, permiten al niño asimilar la formación de las categorías conceptuales y sus relaciones lógicas.

En la vida cotidiana y en la vida afectiva, el movimiento y el *tonismo* permiten la vida de relación de los diferentes sujetos.

La motricidad general, la coordinación motriz dinámica y la coordinación fina están presentes en la vida de relación constantemente y los diferentes juegos permiten su desenvolvimiento y el logro de capacidades más específicas como la disociación del movimiento, el aumento del equilibrio estático y dinámico, que operan sobre fines didácticos como, por ejemplo, la formación física básica o la educación del movimiento, etcétera.

Cuando el niño inicia su vida y, por lo tanto, su actividad motriz, comienza también a tomar contacto con el medio; todos sabemos que esto es muy importante en lo que respecta al reconocimiento de su propio cuerpo, en todo el proceso de aprendizaje motriz. Al marchar, por ejemplo, el niño se cae y con cada golpe se va descubriendo; al pasar por diferentes lugares y rozarse con los objetos, va reconociendo su cuerpo y se conforma una situación dentro de un tiempo y en un espacio dado. Wallon dice que tanto el cuerpo como el mundo son experiencias correlacionadas, por comenzar en el sincretismo inicial, del cual, posteriormente se irán discriminando. Wallon señala, con mucha razón, que el cuerpo se proyecta hacia el mundo y el mundo se introyecta en el cuerpo.

En cada sujeto o individuo hay un sentimiento de "yo" que permanece invariable a través de su historia, aunque la persona cambie y se modifique. Este sentimiento de "yo" se apoya en el esquema corporal y es lo que permite al individuo recortarse del medio como singularidad. Se entiende por esquema corporal las representaciones mentales que tenemos de nuestro propio cuerpo. Dicho esquema se integra con impresiones: interoceptivas, propioceptivas y exteroceptivas, es decir, con informaciones de las vísceras, de la posición corporal (músculos, tendones, ligamentos y articulaciones), kinestésicas y percepciones de la sensibilidad de la piel (tacto, dolor, presión, temperatura, etcétera). Por lo que, para moverse, es necesario conocer el cuerpo y en la medida que el sujeto se mueve, integra su esquema corporal. Wallon sostiene que: "Un elemento de base indispensable para la construcción por parte del niño, de su personalidad, lo constituye la representación, más o menos global, más o menos específica y diferenciada que tiene de su propio cuerpo." De aquí podemos deducir la importancia que tiene el jugar en la niñez y todas las posibilidades educativas que pueda brindar.

El niño, en la medida que estructura su esquema corporal, también organiza las diferentes etapas evolutivas de su organización espacial y temporal. "Hasta los dos años y medio, el espacio del niño es un espacio vivido al cual se ajusta desarrollando sus praxias. Entre los 3 y los 6 años, el niño accede a la representación de los elementos del espacio, descubriendo en él formas y dimensiones.

"Al final del periodo preescolar, la evolución de la correspondencia cuerpo-espacio culmina en una organización egocéntrica del universo."[2]

Posteriormente, el niño de siete años en adelante, al poder lograr la descentración y la representación mental de los ejes de coordenadas, permite una nueva conquista en la estructuración espacial, el acceso al espacio euclidiano, aproximadamente entre los 8 y los 9 años.

Como se verá más adelante, todos estos niveles de maduración y desarrollo, se pueden apoyar educativamente por medio de juegos.

Así como se va construyendo progresivamente la noción de espacio, lo mismo pasa con la de tiempo, se inicia con el tiempo subjetivo, o sea, el que se genera

---

[2] Le Boulch, Jean. *La educación psicomotriz en la escuela primaria.* Buenos Aires, Ed. Paidós, p. 23.

por nuestros deseos e impresiones, depende, de la subjetividad y varía con cada individuo. El niño no dispone, al principio, de ningún punto de referencia temporal, en la medida que se va estructurando el esquema corporal se van adquiriendo estas dos nociones de espacio y tiempo, que contribuyen para la adquisición del esquema corporal. La toma de conciencia de ambas nociones se realiza en una edad mucho más avanzada, pero, paulatinamente, el niño va orientándose hacia el tiempo objetivo, el tiempo matemático, siempre igual y que resulta el mismo para todos; estos dos tiempos conviven siempre en todos los individuos. Como producto de las diferentes impresiones se van conformando estas nociones; los sentidos de la vista y del tacto van estructurando paulatinamente el espacio; el sentido auditivo se refiere especialmente al tiempo. El orden de la sucesión de los sonidos permite la adquisición perceptual del tiempo, las diferentes percepciones siempre están estructuradas por medio de las nociones espaciales y temporales. Por eso, tanto el espacio como el tiempo, son nociones que se incorporan simultáneamente y si el niño no las adquiere de manera adecuada, tendrá perturbaciones del aprendizaje posteriormente.

En la medida que se van estructurando el esquema corporal y las nociones espacio-temporales, se establece, a la vez, la lateralidad, que consiste en la internalización de las ideas de derecha-izquierda, en relación con los distintos miembros superiores e inferiores y los ojos, con respecto a los objetos externos. El niño, entre los cinco y los ocho años, accederá al reconocimiento de izquierda y derecha; entre los ocho y los once años, captará la derecha y la izquierda desde el punto de vista de los otros y del interlocutor y entre los once y doce, con el desarrollo de la inteligencia formal-abstracta, podrá coordinar todos los puntos de vista y considerar una derecha o izquierda en los mismos objetos.

El niño puede ir adquiriendo todas estas nociones paulatinamente por medio de los juegos educativos, adecuados a su nivel de desarrollo.

## Para el niño el juego es una introducción natural al aprendizaje de la lecto-escritura y las matemáticas

Los diferentes juegos correctamente organizados y sistematizados permiten al niño madurar los procesos esenciales para el aprendizaje de las disciplinas escolares, por ejemplo, la estructuración correcta del esquema corporal y la formación de los esquemas de organización espacio-temporales y de dominancia lateral y lateralidad. Los investigadores reconocen que la lectura, la escritura y el cálculo exigen la combinación de imágenes motrices con imágenes visuales y auditivas. Se sabe que cuando existe alteración del esquema corporal, esto genera diferentes síntomas: al ingresar a la escuela primaria, el niño tendrá trastornos de aprendizaje, tales como dislexia, disgrafía, acalculia, etcétera.

El juego permite enriquecer, y si es necesario corregir, las formas lingüísticas y aumentar el vocabulario; desarrollar la coordinación visomotora y afirmar y orientar la lateralidad. La experiencia demuestra que cuando un niño ingresa a la escuela con estos problemas será un alumno fracasado y repetidor si no se atiende pronto. Los investigadores tienen muy bien detectados estos problemas: "...la desorientación en el espacio conduce al niño a trastocar y distorsionar letras, confundir símbolos impresos parecidos (b, d, p, q); la desorientación en el tiempo le hace perder el orden de la sucesión de los sonidos que forman una palabra y manifiesta dificultades para adquirir el análisis y la síntesis, que le resultan muy difíciles de vencer, agravando el problema perceptual gestálico que presentan".[3] El juego, por ser una actividad natural en el niño, lo predispone a desarrollarse positivamente en la escuela y al convivir con su grupo de juego, permite la adaptación (socio-emocional) necesaria para el aprendizaje escolar.

---

[3] Quirós, Julio y Della Cella, Matilde. *La dislexia en la niñez*. Buenos Aires, Ed. Paidós, 1974, p. 69.

Producto de la interacción del organismo con su medio ambiente es como emerge el conocimiento, en un proceso bipolar, ya que por un lado se produce: a) la construcción de los "instrumentos de conocimiento", es decir, las estructuras cognitivas, y por el otro; b) una estructuración o interpretación gradual de la realidad y del mundo, dentro del marco referencial espacio-tiempo y las relaciones causales. La epistemología genética asume la concepción de que cualquier estímulo u objeto que proporciona la existencia, es ya una construcción del sujeto, en cuanto que entiende que es el resultado de un proceso de "asimilación", por lo que la percepción que producen los sentidos, no es el origen del conocimiento como por lo regular se piensa o como filosóficamente lo enuncia la corriente empirista o positivista.

El sujeto, al interpretar el mundo físico, no actúa como un receptor pasivo sino que, por el contrario, opera como un realizador, gracias a su actividad puede interpretar y captar al mundo fenoménico. Estos principios traen grandes consecuencias para la teoría del aprendizaje.

Los maestros tienen que considerar que los efectos de sus enseñanzas sobre los alumnos van a estar regidos y condicionados, por el nivel de desarrollo operatorio con que cuenten, o sea, su competencia cognitiva general; como cada etapa del desarrollo cuenta con una forma de organización mental, conformando ciertas características de aprendizaje y razonamiento, que el maestro tiene que conocer y respetar. Asimismo, es necesario tomar en cuenta que cuando el niño llega a la escuela tiene una gran cantidad de conocimientos previos, no llega "en blanco", por el contrario, lleva un gran bagaje de experiencias y aprendizajes espontáneos, que constantemente se renuevan en la vida diaria. De esta forma, lo que se le ofrece en el aula, nuevamente estará condicionado por estas experiencias anteriores del niño y por las huellas que le han dejado.

En el aprendizaje intervienen una gran variedad de factores, que se pueden clasificar de muchas formas, pero que podemos llegar a resumir como factores cognoscitivos y factores afectivo-sociales, a la vez que hay que tener en cuenta que existen diferentes clases de aprendizaje: repetitivo; memorístico; significativo; verbal y no verbal, o aprendizaje por solución de problemas y por descubrimiento, etcétera. En el caso de nuestro marco nos importa considerar el aprendizaje significativo y las posibilidades que brinda con respecto a las actividades lúdicas.

El psiquiatra David P. Ausubel, que desarrolló una teoría novedosa del aprendizaje escolar, considera que resulta fundamental brindar a los escolares un aprendizaje significativo; éste es el resultado de la relación entre los contenidos aprendidos, y por lo tanto nuevos, y los conocimientos anteriores del alumno. Ausubel señala: "...la esencia del proceso de aprendizaje significativo reside en que ideas expresadas simbólicamente son relacionadas de modo no arbitrario, sino sustancial (no al pie de la letra) con lo que el alumno ya sabe, señaladamente algún aspecto esencial de su estructura de conocimiento (por ejemplo, una imagen, un símbolo ya con significado, un contexto o una proposición). El aprendizaje significativo presupone *tanto* que el alumno manifiesta una actitud hacia el aprendizaje significativo; es decir, una disposición para relacionar, no arbitraria sino sustancialmente, el material nuevo con su estructura cognoscitiva, como que el material que aprende es potencialmente significativo para él, especialmente relacionable con su estructura de conocimiento, de modo intencional y no al pie de la letra."[4] (Ausubel, 1961.)

Cuando esta relación esencial del aprendizaje no se produce, nos encontramos con un aprendizaje repetitivo, mecánico y, por lo tanto, memorístico. Es interesante notar que la posibilidad que tiene el maestro, de generar el vínculo entre el nuevo material aprendido y los conocimientos previos del alumno, se puede lograr de la forma más natural y sencilla por medio de los juegos educativos. Los niños obtienen el mayor número de experiencias y aprendizajes espontáneos, por el juego. Por lo que el juego resulta un instrumento operativo ideal para que el maestro realice aprendizajes significativos en sus alumnos.

El mismo Ausubel considera que los problemas del aula surgen porque: "Una de las razones de que se desarrolle

---

[4] Ausubel, David P. *Psicología educativa. Un punto de vista cognoscitivo.* México, Ed. Trillas, 1978, p. 56.

comúnmente en los alumnos una propensión hacia el aprendizaje repetitivo en relación con la materia potencialmente significativa consiste en aprender por triste experiencia que las respuestas sustancialmente correctas carecen de correspondencia literal con lo que les han enseñado no son válidas para algunos profesores. Otra de las razones consiste en que por un nivel generalmente elevado de ansiedad, o por experiencias de fracasos crónicos en un tema dado (que reflejan, a su vez, escasa aptitud o enseñanza deficiente), carecen de confianza en sus capacidades para aprender significativamente y de ahí que, aparte del aprendizaje por repetición, no se encuentran ninguna otra alternativa que el pánico. (Este fenómeno les es muy familiar a los profesores de matemáticas por el difundido predominio del 'choque del número' o de la 'ansiedad del número'. Por último, puede desarrollarse en los alumnos una actitud para aprender por repetición si están sometidos a demasiada presión como para ponerse sueltos de lengua o para ocultar, en vez de admitir y remediar gradualmente su falta original de comprensión genuina. En estas circunstancias parece más fácil, o más importante, crear la impresión falsa de haber entendido con sencillez, aprendiéndose de memoria unos cuantos términos u oraciones clave, que tratar de comprender el significado de éstos. Los profesores suelen olvidarse de que los alumnos pueden inclinarse marcadamente al uso de términos abstractos que den la apariencia de propiedad —cuando tienen que hacerlo— aunque la comprensión de los conceptos fundamentales de hecho no exista."[5]

Aquí aparecen muchos de los errores de nuestra formación escolar, que son inducidos por la propia institución. Por lo que podemos concluir que para que el aprendizaje sea significativo tienen que darse dos condiciones fundamentales, la primera es que el contenido tiene que contar con elementos significativos, tanto en relación con su estructura y conformación interna, como en relación con la capacidad de asimilación y con la estructura cognoscitiva del aprendiz. La segunda es que

---

[5] Ausubel, David P. *Op. Cit.*, pp. 56 y 57.

el alumno debe estar motivado para relacionar lo que aprende con lo que ya conoce. Lo significativo del aprendizaje tiene íntima relación con las necesidades e intereses del educando, así como con la aplicabilidad y funcionalidad de esos conocimientos a su vida diaria. Basta recordar que la actividad vital del niño es el juego, para comprender que, bien orientados los aprendizajes escolares por medio de los juegos, se lograrán aprendizajes significativos que permitan desarrollar los factores cognoscitivos, afectivos y sociales.

A los adultos, quizá producto de su visión del juego como derroche de tiempo, puede ser que no les agrade este tipo de pedagogía, pero con una correcta información a los padres, es muy seguro que ellos mismos serán los futuros defensores de esta forma de educación.

Por otro lado, si bien es cierto que el juego es una actividad placentera que realiza la niñez y el trabajo, por el contrario, es la realización de tareas que tienden a un fin unitario, esto no implica la imposibilidad de iniciar al niño en el trabajo por medio del juego. No hay contradicción, a los niños les agrada colaborar con los adultos en el trabajo, y se sienten felices cuando las tareas que realizan son de utilidad. La relación juego-trabajo no es antagónica, en los procesos de enseñanza, la maestra siempre debe conservar lo placentero del juego y vincularlo a las actividades cognoscitivas de las labores cotidianas.

Otro elemento esencial es que cuando los niños juegan no requieren de una motivación extrínseca a esta actividad en sí, por lo que la organización de las tareas escolares por medio del juego, genera una constante atención por parte del niño.

## El aprendizaje en la teoría piagetiana

La teoría psicogenética concibe al aprendizaje, como ya vimos, como una función del desarrollo y considera que la acción es el motor del conocimiento, el niño conoce por medio de la actividad que las abstractas elaboraciones intelectuales son acciones interiorizadas. Por medio de un detallado análisis, Piaget encuentra que el conocimiento —aun en sus formas más elementales, como pueden ser los primeros actos motores o senso-motores del niño— se presenta de dos maneras: los aspectos figurativos y operativos del conocimiento.

El aspecto figurativo se refiere a las cogniciones que, desde el punto de vista del individuo, aparecen como copias, son los datos que aportan los sentidos de la realidad exterior. Este tipo está centrado en la configuración estática del fenómeno, capta solamente lo que aparece. Existen cuatro formas características: *la percepción*, que actúa solamente en presencia del fenómeno u objeto, y opera por medio de analizadores sensoriales; *la imagen mental*, que acciona reproduciendo al objeto interiorizadamente y en su ausencia; *la imitación*, en sentido amplio, resulta una reproducción que puede presentarse: a) en presencia del objeto y se produce en diferentes formas (imitación fónica, imitación gráfica, imitación rítmica, imitación gestual y del movimiento, etcétera) y b) las imitaciones diferidas, la reproducción de un modelo u objeto, pero en su ausencia, por medio de verbalizaciones, dibujos, gestos, etcétera. Por último, *la memoria* que, en sentido estricto, es el conocimiento activo que se refiere al pasado; en sentido amplio, es la disponibilidad de cualquier conocimiento, por lo que la memoria es el aspecto figurativo de los esquemas en general.

El otro gran aspecto del conocimiento es el "operativo", Piaget lo define como los tipos de conocimiento que actúan sobre el objeto en forma material u operativa; este aspecto consiste en las transformaciones propiamente dichas y en los productos del mismo. El aspecto operativo, como bien lo dice la palabra, es el conocimiento que "transforma" y "opera" sobre el tema, concepto, idea u objeto de conocimiento, es un proceso que se apoya en el aspecto de la acción que transforma determinados datos de la realidad para asimilarlos a las estructuras disponibles.

Ésta es la razón de que todo conocimiento empírico o concreto de realidad, requiere necesariamente un esquema de asimilación, acorde al nivel de desarrollo del sujeto, por lo que puede ser, desde sensorio-motriz hasta los desarrollados como los lógico-formales. Desde luego que también, de acuerdo con las características del objeto, serán los esquemas de asimilación que habrá que emplear.

Estos dos aspectos también se diferencian porque el aspecto *operativo* está centrado sobre la asimilación, mientras que el *figurativo* opera con la acomodación.

Por ejemplo, los aspectos operativos los encontramos en a) los esquemas de asimilación que se estructuran antes del lenguaje, y en todas las acciones sensoriomotrices que no sean imitativas; b) en el nivel preoperatorio que le sigue del año y medio a los siete años, aproximadamente; c) en las acciones interiorizadas que vienen del nivel anterior y que se continúan en el nivel de las operaciones concretas, que finalizan a los once años, y d) en las operaciones de la inteligencia formal-abstracta, en acciones reversibles e interiorizadas, que se organizan y coordinan en estructuras de conjuntos de transformaciones. Ambos aspectos los podemos graficar de la siguiente manera:

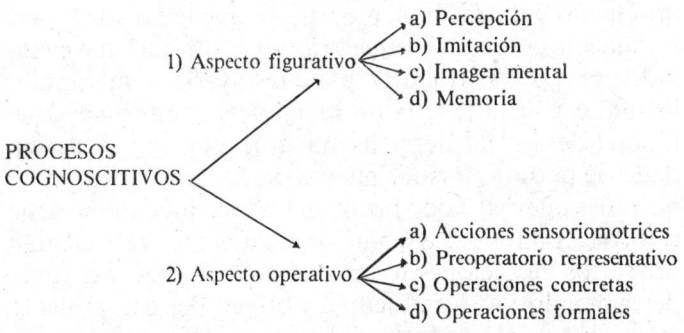

Las operaciones son acciones que, por lo general, se llevan a cabo sobre objetos antes de ser realizadas sobre símbolos. Psicológicamente son acciones interiorizables, reversibles y coordinadas en una estructura, caracterizada por leyes que se aplican al sistema como un todo. Son interiorizables porque pueden ejecutarse mentalmente sin que pierdan su carácter de acción. Son reversibles porque pueden ejecutarse en los dos sentidos del recorrido; por ejemplo, la operación de combinar se puede invertir en la operación de disociar, etcétera. Los hábitos, por el contrario, son conductas relativamente aisladas, de tal forma que invertir un hábito, requiere la adquisición de uno nuevo, por ejemplo, el acto de escribir de izquierda a derecha no puede ser invertido para lograr lo contrario.

Un principio de la psicología genética es que ". . . todo acto intelectual (o motriz) se construye progresivamente a partir de reacciones anteriores más primitivas. Cada operación tiene su historia. A lo largo de la génesis del pensamiento infantil puede observarse cómo las operaciones se diferencian poco a poco, a partir de esquemas de acción elementales para formar sistemas cada vez más complejos y más móviles, capaces de captar finalmente el universo entero."[6]

Podemos concluir que las formas más comunes de trabajo en la escuela tienden a los aspectos figurativos del conocimiento y que lo esencial pasaría por los aspectos operativos, cada vez que enfrentamos a los niños con problemas del conocimiento, que se pueden realizar perfectamente por medio de juegos, como más adelante ejemplificaremos. Al trabajar para resolverlo y manipular mental o físicamente la problemática, se produce en el niño el desarrollo del pensamiento; este tipo de actividades le permite formar nuevas operaciones y aprender nociones nuevas. Todo problema o pregunta que se deba resolver, tanto física como mentalmente, representan proyectos de acciones u operaciones para realizar sobre determinado dato y objeto. El origen del pensamiento en el niño es el producto de la génesis de sus esquemas de asimilación y de los conocimientos que registra de su aplicación a los objetos. Uno de los esquemas esenciales

---

[6] Aebli, Hans. *Una didáctica fundada en la psicología de Jean Piaget*. Buenos Aires, Ed. Kapelusz, 1958, p. 102.

de asimilación que el niño aplica constantemente durante toda su vida es el juego. Comienza por los objetos a los esquemas sensoriomotrices, por el *juego ejercicio*; más adelante asimila deformadamente el mundo que lo rodea, a través del *juego simbólico* y poco a poco va asimilando los fenómenos concretos mediante nociones y operaciones más ricas, por los *juegos de construcción y reglados*, hasta acceder al pensamiento formal abstracto.

Piaget considera que ". . . existen dos maneras de adquirir conocimientos en función de la experiencia: o bien por contacto inmediato (percepción), o bien por relaciones sucesivas en función del tiempo y de las repeticiones objetivas (aprendizaje)".[7] Este último caso de aprendizaje depende de lo que Piaget denominó "esquemas de asimilación". Los esquemas son nombrados de acuerdo con las secuencias de conducta que expresan, por ejemplo, "esquemas motores", "esquemas de visión", "esquemas de succión", etcétera. Esto implica que el funcionamiento asimilativo ha generado una estructura cognoscitiva específica, una disposición estructurada y organizada para moverse, para percibir objetos o succionar, etcétera. Los esquemas asimilativos se presentan en todas las formas y dimensiones, comprendiendo a todos los niveles evolutivos y funciones. En los esquemas de asimilación pueden predominar la asimilación (como es el caso del juego), o la acomodación (el caso de la memoria) o puede resultar un cierto equilibrio. Todos poseen una característica general que resulta común: la secuencia de comportamiento que los conforma en una totalidad organizada.

Por medio de su propio funcionamiento se originan y desarrollan los esquemas, contando con la característica de ser plásticos y móviles; "el funcionamiento no sólo crea estructuras, sino que, como hemos visto, las cambia en forma continua".[8]

---

[7] Piaget, J. *La construcción de lo real en el niño*. Buenos Aires, Ed. Nueva Visión, 1976, p. 16.
[8] *Ibidem*.

Las tres características fundamentales de los esquemas asimilativos, vistos desde la perspectiva funcional y evolutiva son: la repetición, la generalización y la diferenciación-reconocimiento. Estos esquemas son puestos en acción repetidamente por parte del niño, a esta tendencia Piaget la denomina "asimilación reproductiva o funcional". Con las sucesivas repeticiones se va modificando y desarrollando una tendencia a la extensión o ampliación de su campo de aplicación; de tal forma, también se tiende a incorporar o asimilar objetos nuevos y diferentes. Piaget, se refiere a esto como "asimilación generalizadora". Posteriormente, estos esquemas logran una diferenciación específica del objetivo de su acción. De su accionar indiferenciado y global, paulatinamente pasan a la diferenciación y adecuación específica, este proceso Piaget lo define como "asimilación recognoscitiva".

Piaget señala: "Todo esquema de asimilación reproductora se prolonga, tarde o temprano, en asimilación generalizadora y asimilación recognoscitiva combinada, y el reconocimiento surge directamente de la asimilación."[9]

Todo este proceso nos permite inferir una didáctica respecto a los juegos, el conocimiento no se puede enseñar por comunicación verbal o visual, el niño solamente aprende por medio de su propia actividad, o sea, a través de sus propios esquemas de asimilación, mismos que tiene que ir ejercitando y trabajando en grupo, así como desarrollando la capacidad de resolución de problemas; todo esto le permite realizar el juego, y a la vez la elaboración creativa por parte del alumno.

El juego es un agente de socialización infantil

El niño, a través del juego, incorpora los roles, normas, pautas de conductas, etcétera, de su estructura social y medio familiar específico al que pertenece. El lenguaje

[9] *Op. Cit.*

# EL JUEGO Y LOS ESQUEMAS DE ASIMILACIÓN

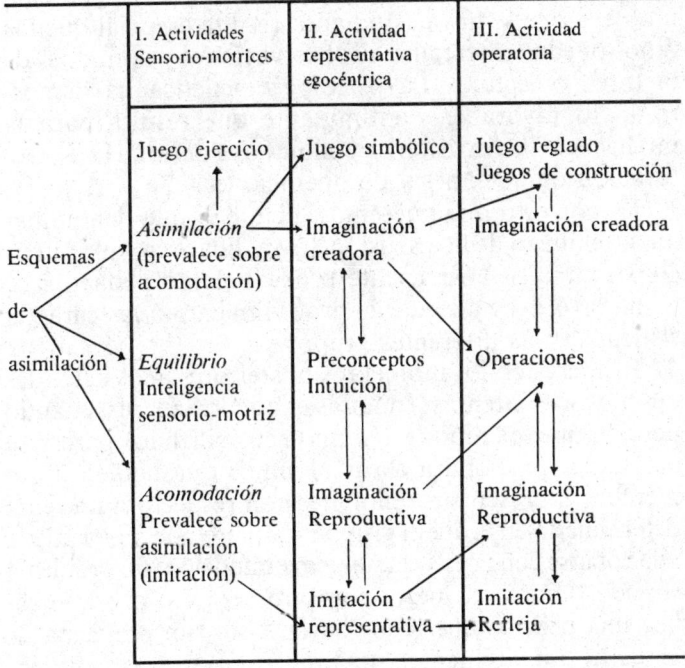

es el vehículo privilegiado de esta asimilación y acomodación. El juego, por lo tanto, permite favorecer el proceso de socialización y generar en el grupo de juego sentimientos de solidaridad y de integración cooperativa.

Al acceder el niño al pensamiento operatorio cuenta con las posibilidades de realizar plenamente trabajos en grupo, sólo se puede colaborar cuando se pueden aceptar puntos de vista distintos; la inteligencia egocéntrica no permite el trabajo compartido, si bien, los maestros deben fomentarlo y las actividades de juegos permiten muchos logros en este terreno. Es por ello que siempre, dentro de las posibilidades de las tareas que haya que realizar, resulta muy educativo darle una forma socializada al trabajo escolar, a través de los juegos y trabajos en equipo y por medio de una herramienta importantísima para el desarrollo de la inteligencia: la discusión en común. Después de cualquier actividad de juego, tema u objeto que se haya estudiado, resulta esencial que los niños puedan intercambiar observaciones y opiniones de la tarea o lectura. La psicología genética ha demostrado lo favorable y estimulante que resulta para la inteligencia la discusión en común, que permite la estructuración de nociones y de operaciones.

Es por esto que queremos incluir lo que denominamos "el juego de la discusión" y su didáctica, que puede constituirse en un eficiente procedimiento pedagógico; el maestro debe adecuar el procedimiento a las características de sus diferentes grupos.

Primero, en los momentos posteriores a las actividades motrices intensas; en horas extracurriculares, cuando perciba que los niños estén más sensibilizados para esta actividad, propondrá a sus alumnos que hablen libremente y expresen sus opiniones con respecto a un tema determinado en el que el grupo esté interesado y que pueda relacionarse con la escuela: un tema estudiado; un problema surgido durante el juego, con otros grupos, o extraescolar; una película que todos hayan visto; un problema de la calle; un accidente; un evento cultural o político, etcétera. En un primer momento, el maestro encontrará barreras e inhibiciones pero tiene que preocuparse por crear el clima de libertad y respeto mutuo, que permitirá generar el libre debate.

Segundo, el profesor orientará y sugerirá los temas de las primeras discusiones sin imposición, de tal forma que el grupo decida su tratamiento.

Tercero, alentará a los niños que tienen problemas de conducta; a los tímidos; a los que pueden contar con problemas de lenguaje o físicos, para que participen; tratando siempre de no hacer evidente su intención.

Cuarto, no actuará autocráticamente, corrigiendo errores temáticos, conceptuales o de cualquier tipo, sino que por el contrario, los pondrá a consideración del grupo y orientará su participación: ¿Qué piensan ustedes? ¿Cómo actuarían ustedes en casos parecidos? ¿Podría existir otra forma o posibilidad de actuar o de resolución?, etcétera.

Quinto, al principio el maestro realizará siempre en el momento oportuno, algunas síntesis para que la discusión no se desvíe de su objetivo.

En la medida que los niños van aprendiendo, el procedimiento los inducirá para que procedan de igual manera y señalen sus propios moderadores, etcétera.

Sexto, alentará a los niños a la discusión de sus experiencias con total libertad y, paulatinamente, tratará de que su participación sea menor, hasta que los niños puedan conducir la actividad.

Por lo común, resulta de gran utilidad combinar la discusión general con el trabajo en equipo; es necesario que los equipos trabajen independientemente y con pocos alumnos, un número óptimo es el de tres, porque facilita su adaptación recíproca.

El trabajo cooperativo de los alumnos permite el desarrollo del pensamiento operatorio y lo estimula; se conforma en su procedimiento más de aprendizaje por descubrimiento y aprendizaje significativo. El desarrollo cognitivo como el desarrollo afectivo y social, están sujetos a un proceso evolutivo por medio del cual se logran equilibrios superiores. Gradualmente, el niño logra construir sus normas propiamente dichas; la vida social en el grupo infantil es fundamental para su desarrollo y su formación integral.

## ORIENTACIÓN DIDÁCTICA PARA LA IMPLEMENTACIÓN DE LAS SESIONES DE JUEGO

En toda situación de docencia se produce una constante interrelación entre dos factores: los contenidos de la enseñanza y la forma como se les trabaja. Si bien, muchas veces existen aprendizajes esenciales que no están directamente implicados en los contenidos, por ejemplo, los vínculos humanos entre los alumnos y con el maestro; la dificultad para trabajar en grupo, o los aprendizajes referidos a la socialización, etcétera. Todas las posibilidades se dan en la forma de impartir las sesiones de juego del maestro, estos aprendizajes tienen mucho que ver con la personalidad del maestro; los vínculos que éste establezca con sus alumnos van a tener un valor esencial para dichos aprendizajes. El desarrollo de la formación de los alumnos se produce por la capacidad del profesor para estimular y orientar eficientemente las actividades del aprendizaje. La comunicación que pueda desarrollar el profesor con sus alumnos promueve un resultado superior en los procesos de elaboración y creatividad.

*a. Planificación*

El maestro deberá realizar una planificación anual en relación con los objetivos que se propone lograr, a la vez que tendrá que evaluar los siguientes aspectos:

- La característica del grupo de niños con los que trabajará.
- Las instalaciones y material disponible para el desarrollo de los juegos.
- El número de clases que se podrá realizar, dentro del ciclo lectivo.
- La duración de las clases.

*b. Al preparar las clases se debe contemplar*

- La época del año y condiciones climáticas.
- Las necesidades e intereses de los niños que conforman el grupo. La selección de los juegos se debe realizar considerando que siempre permita la participación de todos los niños; por lo que hay que evitar las exclusiones y posibilitar la actividad constante del niño.
- La enseñanza debe adecuarse al ritmo natural de aprendizaje de los niños; debe darles la posibilidad de que disfruten de los juegos. Una clase bien impartida es una clase donde reina la alegría; el niño debe salir de ella con el deseo de volver al otro día. El maestro no debe estar ansioso por brin-

dar más contenidos; la medida del proceso de aprendizaje la marcan los niños.
- Importante tener amplio criterio en la realización de lo programado, ser flexible, de acuerdo con las circunstancias y, en especial, con el estado físico y psíquico de los niños.
- Siempre se debe programar un espacio para "juegos libres", en el que el maestro observará la conducta de juego de los niños.

*c. En el juego en sí, hay que tener en cuenta los siguientes puntos:*
- Todo juego tiene un inicio y parte de una rápida explicación, donde se ejemplifican con actos concretos las leyes y situaciones del mismo, haciendo que lo ensayen los propios niños. Posteriormente, viene el desarrollo, lo que genera un mayor interés y alegría de los participantes, con una duración muy elástica, en relación con diversos factores. Por último, a medida que el entusiasmo decae, esto marca la necesidad de modificar la actividad y pasar a otra. El maestro tiene que estar muy atento a que la última etapa se corte rápidamente y que los niños cuenten o se queden con el deseo de repetir, en otro momento, el juego. Un viejo principio dice: "Mate el juego antes de que muera."

*d. Organización didáctica*
- El maestro debe tratar de aprovechar la formación, distribución del grupo y el uso del material, para la realización de varios juegos o actividades. El principio organizador se basa en evitar la pérdida de tiempo al máximo.
- En el desarrollo secuencial de los juegos, en la misma clase, es necesario tener en cuenta que sean variados y diferentes, que la dosificación de las cualidades físicas o psíquicas esté compensada, no realizar juegos sofocantes uno seguido de otro, sin dar la oportunidad a la debida recuperación.

- El maestro debe ubicarse en el espacio de juegos de forma que abarque a todos los niños con la vista, y pueda acudir a ellos inmediatamente, en caso de ser necesario. Siempre debe buscar el lugar más conveniente para el control de la situación y permanecer atento a la acción de los niños.
- Constantemente debe estimular a los niños, pero especialmente a los más tímidos; a los que se inhiben fácilmente, a los que tengan menos coordinación y que sean poco diestros; debe, asimismo, apoyar y estimular a los perdedores, enseñar que lo importante es jugar, no ganar o perder.
- Siempre inculcará el "juego limpio", el juego es la actividad esencial para enseñar las normas morales y de justicia.

### e. Implementación

- Tratará de eliminar al máximo la espera de turnos o los momentos para intervenir activamente, es mejor que jueguen cuatro grupos, a que dos estén esperando para intervenir en el torneo relámpago.
- Deberá contar con el material necesario para los juegos, mucho antes de la clase, de forma que no haya interrupciones y la clase sea más ágil.
- Debe mostrar prácticamente lo que se quiere enseñar y dar explicaciones atractivas y sobre todo sintéticas.

### f. El juego libre

El encuadre del trabajo debe combinar constantemente juegos didácticos con juegos libres; este último tipo resulta esencial para el desarrollo de la formación integral de los niños. En el juego libre, el niño aprende a jugar en total libertad y el maestro debe preparar las condiciones de tiempo y espacio para que se pueda desarrollar por completo. La tarea del maestro en este espacio de libertad puede ser de orientación y apoyo a los juegos; pero su principal rol es el de observador. Es aquí donde el niño muestra totalmente su personalidad y es también en estos juegos donde se reducen las tensiones nacidas de la vida diaria y de la imposibilidad de cumplir los deseos. Es importante reconocer los juegos libres en el ámbito educativo y favorecer su existencia. El maestro siempre está ansioso por los contenidos de trabajo que tiene que impartir, por lo que involuntariamente, cada vez más, se imposibilitan las tareas libres y creativas.

En estas actividades es muy importante proporcionar elementos que estimulen la creatividad: pinturas, plastilina, madera y herramientas. El maestro debe estar atento para ampliar constantemente estos espacios de "juego libre".

# *Juegos de primer nivel: 6 a 8 años* | 4

## JUEGOS DE MOTRICIDAD GENERAL

### El Cazador

El juego consiste en que el "cazador" debe correr por todo el patio y tocar a cualquiera de sus compañeros del grupo. Para no ser atrapado, el perseguido puede adoptar cualquier posición, siempre y cuando no toque con los pies el suelo (ver figura). Los que son capturados pueden pasar a ser cazadores. Es importante que los cazadores no se dediquen a sitiar a uno de los compañeros en particular. Al principio, hasta que los niños comprendan el juego, la maestra puede ser la cazadora.

*El gato torpe*

Todos los niños juegan libremente en el patio. En un momento dado se grita la consigna: "El último en treparse es el gato"; y todos los participantes deben subirse y refugiarse en el sitio más elevado que encuentren (una silla, una banca, una barra, una mesa). El último en hallar refugio se convierte en gato. Posteriormente, cuando éste maúlla, todos deben cambiar de lugar; si el gato consigue tocar a algún niño antes de que encuentre otro refugio, éste, a su vez, se convierte en gato.

*El elefante comilón*

Un jugador (elefante) debe tomar su nariz con una mano y pasar el brazo libre por el espacio así formado. En esta posición tiene que perseguir y tocar con la trompa a sus compañeros. El niño tocado se convierte entonces en elefante. Variante: puede haber varios elefantes (todos los tocados).

*Los canguros*

El grupo de niños formado en una misma línea, a 15 o 20 metros de la meta establecida. En la meta, un niño vuelto de espaldas cuenta hasta un número previamente acordado, por ejemplo 7; mientras el niño cuenta, sin mirar a sus compañeros, éstos avanzan hacia él dando saltos con las piernas juntas. Cuando acaba la cuenta, el niño se vuelve y todos aquellos que ve en movimiento, deben regresar al punto de partida y desde allí continuar con el juego.

Gana el primero que llega a tocar la meta, y pasa a ocupar el sitio del niño que cuenta, quien no abandona la meta en ningún caso.

*El ciempiés rengo*

Los jugadores se dividen en varios grupos iguales (tercetos, quintetos, etcétera); hacen una fila y se toman de los hombros o de la cintura; todos deben avanzar saltando coordinadamente con un solo pie. Pierde el equipo que se rompe o cae.

*Carrera de canguros*

Cada uno de los participantes tiene una pelota apretada entre las piernas; se fija la salida y a la voz del maestro, deben avanzar saltando hasta la meta sin que se caiga la pelota. Quien la deja caer debe retomarla y volver a empezar desde la línea de partida.

*El cazador y las liebres*

Las "liebres" corren libremente por el patio y el "cazador", armado con una pelota de 15 cm de diámetro; cuando el maestro inicia el juego, los niños se dispersan dentro de una zona, previamente delimitada, para evitar que el cazador los "hiera" con su bala (la pelota). Éste, para atraparlos, deberá arrojar la pelota y tocarlos de la cintura hacia abajo. La liebre cazada se convierte en cazador.

## Día y noche

El grupo de niños se divide en dos equipos iguales: *día* y *noche*, que se colocan en el centro del patio, frente a frente, a una distancia de 4 metros aproximadamente. El maestro, ubicado en el centro, dará las diferentes órdenes, cuando diga: "noche" o "día", el equipo nombrado debe correr hasta un refugio convenido, a sus espaldas, en el extremo del patio; el otro grupo, tratará de apresar contrarios; por cada uno de los capturados obtendrán puntos a su favor. El maestro debe generar una cierta expectativa y tratar de confundir a los niños antes de dar la orden como una forma de aumentar el nivel de atención.

## La cacería

En el campo de juego se marcan dos refugios en los extremos. El grupo se divide en dos equipos iguales (por ejemplo de 10 cada uno): uno de ellos se coloca en un extremo, dentro de un refugio, y el otro se distribuye en la zona central, atrás de las marcas laterales, con cinco pelotas por cada lado. Cuando el maestro lo indica, el equipo que está en el refugio debe correr dentro de los límites (ver figura) hacia el otro extremo, tratando de no ser alcanzado por las pelotas que los cazadores lanzan hacia ellos. Se van contando los puntos, de acuerdo con los tocados o éstos se eliminan. Se cuentan las veces que logra pasar un equipo hasta que todos los integrantes queden eliminados; se repite el juego alternando las funciones. El ganador es el equipo que logra pasar mayor cantidad de veces u obtener más puntos.

## La caza del ciervo

"El ciervo", un niño elegido al azar por el maestro se oculta, por ejemplo, detrás de una puerta o un árbol. El grupo de "cazadores" avanza pero tiene que hacerlo de "pata coja"; acompañados de algunos "perros", la cuarta parte del número de cazadores. Ante una señal del maestro, el ciervo empieza a correr, perseguido por los cazadores y los perros (avanza, en cuatro patas). En cierto lugar, hay un lago (refugio); si el ciervo consigue tirarse al agua se salva. También si el maestro da una consigna, previamente acordada, por ejemplo, "el ciervo es un animal tan bueno como los perros"; los perros se vuelven contra los cazadores y tratan de evitar que éstos atrapen al ciervo.

Se continúa el juego independientemente del resultado, designando a un nuevo ciervo y se cambian cazadores y perros, para la siguiente cacería.

### Juegos de percepción sensorio-motriz

*La cueva de los ratones*

El maestro divide a su grupo en dos partes; la mitad de los participantes deben colocarse con las piernas separadas, con los brazos extendidos y tomados de las manos, de modo que formen un gran círculo, estos jugadores representan las madrigueras de los ratones. Los demás niños —los ratones— deben tratar de pasar al círculo al recibir la señal del maestro, por debajo de las piernas o los brazos de sus compañeros, sin tocarlos. El que toque a cualquiera de los niños del círculo pasa a ser espectador. Ganan todos los que consiguen entrar a su madriguera hábilmente, y finalizada la partida le toca el turno al otro grupo y se cambian los papeles. También se puede jugar por tiempo y se otorga puntos a cada grupo de acuerdo con los ratones que pasaron.

*Descubrir al culpable*

El grupo se divide en equipos —cada uno de diez alumnos— y formando una rueda. En el centro, se sienta un niño con la cabeza apoyada sobre las rodillas y tapándose la cara con las manos, es el "dormido". Los demás jugadores se pasan entre sí una pelota liviana y, en cualquier momento, uno de ellos arroja la pelota sobre el cuerpo del "dormido", quien se despierta en ese instante para tratar de descubrir al culpable, señalándolo con la mano; si acierta, intercambian lugar y así continúa el juego.

*No perdernos de vista*

Los jugadores forman parejas a la indicación del maestro, cada pareja debe desplazarse corriendo y mirándose a los ojos; sin chocar con los demás compañeros que realizan la misma actividad. Cuando el maestro diga "separarse" ambos integrantes obedecen y continúan corriendo, se mezclan con los demás niños, pero no dejan de mirarse. A la orden de "juntarse" hacen lo propio y de acuerdo con una consigna previamente establecida, pueden tomarse de las manos y girar, o hacer lo que indique el maestro, pero siempre mirándose a los ojos, y así continúa el juego hasta la siguiente orden.

*Batalla de clavas*

Se dibujan en el piso tres círculos concéntricos, el primero más pequeño y los demás a una distancia que en total abarque entre 8 y 15 metros según la habilidad de los participantes. En el centro se colocan varias clavas o latas u objetos pesados, se divide a los participantes en dos equipos; el primero detrás del segundo círculo, que será su único campo de acción, en el exterior, se coloca el segundo equipo, con una pelota. A la señal del maestro, los jugadores se pasan la pelota y deben tratar de tirar la mayor cantidad de clavas, pero no pueden penetrar en el área marcada. Por su parte, los demás

tratan de impedir que la pelota tire las clavas. Después de cierto tiempo estipulado, intercambian papeles. Gana el equipo que tire más clavas, es decir, el que hizo más puntos. Posteriormente se puede jugar con más pelotas.

*¿Quién puede acertar?*

El maestro se coloca en un extremo del patio y lanza, rodando, un aro, los niños se ubican a un lado y cuando el aro pasa frente a ellos tratan de atravesar, con una pelota o bolsita, el centro de éste. De acuerdo con la habilidad de los niños, el maestro debe regular la velocidad con la que lanza el aro; también lo puede lanzar hacia arriba. Cuando la dificultad sea demasiada para realizar el ejercicio individualmente se forman grupos y se cuentan los puntos por equipos, lo que genera un ambiente más festivo.

## *El juego del escondite*

Un niño se coloca de cara a la pared o frente a un árbol. Cuenta en voz alta hasta una cantidad previamente acordada. Mientras él cuenta, los demás se esconden en diferentes lugares del patio de la escuela y aulas... Cuando llega a la cifra grita: "Allá voy" —también puede cantar una canción, interrumpiéndola con alguna consigna— y sale en busca de los demás compañeros. Mientras busca a los otros o persigue a quien pueda reemplazarlo, si descubre algún compañero debe correr a la base y gritar: "Piedra libre para Juanito que está detrás del árbol de la dirección", etcétera. Mientras sale para buscar a otros compañeros, los demás niños pueden salir de su escondite para ir a tocar el blanco diciendo: "Piedra libre."

El primer niño descubierto debe contar al siguiente juego.

## *No pisar el agua*

Se coloca en el piso en aro de gimnasia (el lago) y alrededor se forman círculos de cinco o seis niños, tomados de la mano. Cada jugador intenta empujar a sus compañeros sin soltarse de las manos, para pisar dentro del aro, y tirarlos al agua; el que pisa sale del juego. La partida finaliza cuando sólo queda un jugador.

## La palmadita

Un niño con los ojos vendados se coloca de espaldas con respecto a sus demás compañeros; se inclina ligeramente hacia el frente y pone sus manos en la espalda con la palma hacia arriba. En seguida, cualquiera de los otros jugadores lo alcanza y le da una palmadita en las manos. Si aquél adivina quién fue dice el nombre en voz alta e intercambian papeles. Pero si no acierta, permanece en la misma postura, mientras todos los demás continúan pegándole uno cada vez, hasta que adivine quién es el culpable.

## JUEGOS DE ESTRUCTURACIÓN DEL ESQUEMA CORPORAL

### Los brujos

Se forman grupos de seis niños y se designa entre ellos al "brujo", quien lleva un pañuelo en la mano. A la indicación del maestro, todos empiezan a correr: los brujos persiguen a los miembros de su equipo, y al que tocan con su pañuelo lo dejan petrificado en la posición que tenía. Las "estatuas" sólo podrán librarse del hechizo y continuar con el juego si son tocadas por sus demás compañeros. El juego termina cuando todos los niños del grupo quedan petrificados. Después de un rato, se cambia de brujos.

*El gato herido y los ratones*

El gato, designado mediante cualquier fórmula elegida por los niños, tiene que perseguir a los demás, quienes son los ratones.

El primer ratón tocado se convierte en gato y debe correr conservando una mano en el lugar donde fue "arañado". Posteriormente, debe tratar de tocar a los ratones en el mismo lugar.

*Pararse y sentarse*

El maestro divide a todo el grupo en parejas y las coloca espalda contra espalda y con los brazos cruzados al frente. Cada pareja debe sentarse y pararse sin perder contacto ni utilizar las manos. Gana aquella pareja que realiza el ejercicio en mayor cantidad de veces sin perder el equilibrio.

Variante de gran dificultad: consiste en girar cinco veces sobre su propio eje, al estar en la posición de cuclillas, siempre con los brazos cruzados y, por lo tanto, sin ayudarse con las manos.

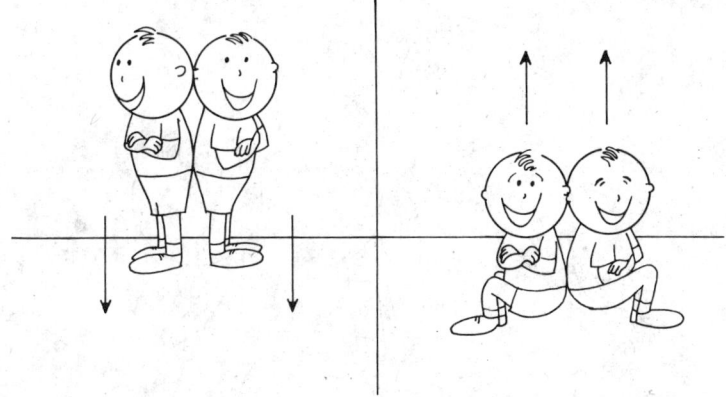

*El más fuerte*

Las parejas, de pie, se abrazan por el tronco; cada quien trata de cargar a su compañero, a la vez, sin dejarse levantar.

*Pelea de gallos*

Intervienen dos jugadores por cada pelea. Se realiza simultáneamente con toda la clase; situados frente a frente, en cuclillas, dentro de un círculo marcado con gis, de dos metros de diámetro. A la señal del maestro, se empujan con las manos, pegándose solamente en las palmas; esquivando y atacando. El participante que pierda el equilibrio queda eliminado.

*Riña de cigüeñas*

Similar al ejercicio anterior. Sólo que los participantes están apoyados en un pie y con los brazos cruzados al pecho.

*El burro empacado*

En parejas; uno de los jugadores se coloca en cuadrupedia con las piernas y los brazos extendidos y la cadera levantada. En esta posición debe ofrecer resistencia al compañero que lo empuja, en la cadera, desde atrás. Se ejecuta varias veces e intercambian posiciones.

*Lucha con los pies*

Sentados frente a frente, en parejas, con las piernas semi-flexionadas y con los brazos abiertos, guardando el equilibrio, sin tocar el suelo. A la señal del maestro, cada jugador trata de voltear a su compañero con los pies y sin apoyar las manos en el piso, para hacerlo perder el equilibrio. Se realiza varias veces y luego intercambian parejas.

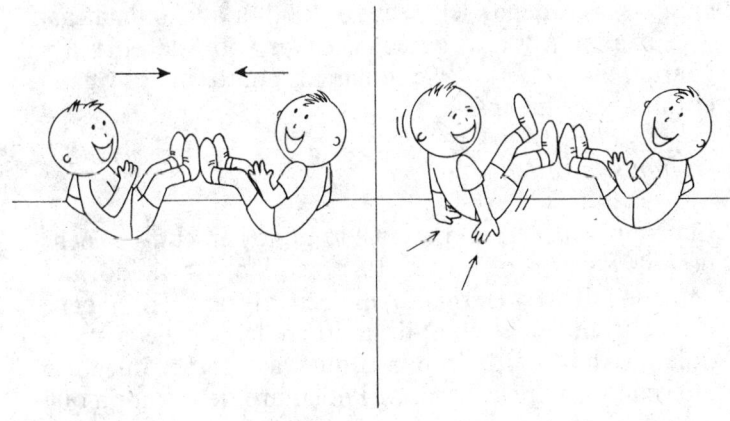

## JUEGOS DE LATERALIDAD

*Tirar la bolsita*

Cada niño con una bolsita; el juego consiste en cumplir las órdenes del maestro: tirar la bolsita al frente, atrás, a la derecha o a la izquierda. Quien sume tres puntos malos debe entregar una prenda. Una vez que los niños han comprendido, el juego se realiza con los ojos cerrados, lo que ofrece la dificultad de no poder apoyarse en lo que hacen los compañeros.

### A la izquierda y a la derecha

En parejas, uno detrás del otro, el de adelante representa un avión y corre con los brazos extendidos; el de atrás lo debe guiar de acuerdo con las indicaciones del maestro. Con bolsitas y otros elementos de gimnasia se realizan diferentes recorridos y todos deben ir cumpliendo las órdenes del maestro; "adelante, atrás, doblar a la derecha o doblar a la izquierda". Después se cambia de compañeros.

### Prohibido equivocarse

Cada niño de pie, con una bolsita al frente; todos deben cumplir las órdenes del maestro: "Saltar adelante, atrás, a la izquierda y a la derecha; saltar sobre la bolsita y guardar el equilibrio." Se suman los puntos malos y gana el que tenga menos.

### Cumplir la orden

El grupo se divide en parejas; se ponen en el piso líneas de bolsitas u otros obstáculos; los niños, tratando, tienen que salvarlos en *slalom*, es decir, zigzagueando, pero el de adelante debe cumplir la orden del que viene atrás, quien le indica al lado por el que va a pasar. Luego se alternan los papeles y gana el miembro de la pareja que comete menos errores.

### Los ciegos

Se forman grupos de cinco o seis integrantes, y en un extremo del patio, se marca con gis un refugio o se coloca un aro. Con los ojos cerrados, y siguiendo las indicaciones del profesor, el grupo debe llegar al refugio. El maestro puede decir, por ejemplo, "avanzar cinco pasos, tres pasos a la izquierda, avanzar de frente seis pasos, girar a la derecha dos pasos y avanzar de frente ocho pasos", etcétera, hasta llegar al punto indicado. Gana el equipo cuyos integrantes se equivoquen menos.

*Oír y cumplir*

Se forman grupos de cinco o seis niños. En cada equipo se designa a un niño quien debe pasar al frente y ordenar, de espaldas a sus compañeros: "Muevan los brazos; la pierna izquierda; la derecha, etcétera." Todos deben cumplir la orden. El último en realizarlo es el que manda; cuando todos dicen: "Ya está", él lo hace y verifica.

*Los puntos de referencia*

El maestro ordena: "Todos a la izquierda de Susana", ésta se queda quieta y los demás niños deben correr a colocarse junto a su compañera; "Todos a la derecha de Juanito". Más adelante, el profesor señala otras consignas para hacer más difícil el juego. Al sumar puntos en contra se pueden cumplir "castigos". Este ejercicio, también se puede realizar con los diferentes objetos que estén en el lugar.

*Los caballitos*

Se divide a los participantes en dos grupos, "caballos" y "jinetes", éstos montan a los caballos y los dirigen "a la derecha, a la izquierda, adelante y atrás". Pierde el caballo que no cumple bien las órdenes.

*La ronda del calentamiento*

Los niños se toman de las manos por equipos o bien en una ronda general; dando vueltas todos cantan:

"Éste es el juego del calentamiento
Vamos a ver la orden del jinete,
Jinete: ¡a la carga! (paran la ronda) ¡Una mano!" (Todos mueven una mano.)
La ronda continúa cantando el estribillo:
"Éste es el juego del calentamiento,
vamos a ver la orden del jinete,
Jinete: ¡a la carga!, ¡la otra mano!"

Paran la ronda y mueven la otra mano; tienen que mover las demás partes del cuerpo; se irá cambiando la orden: un pie, el otro pie, el tronco, la cabeza, todo el cuerpo. Paga una prenda quien se equivoque.

*Carrera de canguros y cigüeñas*

Se forman grupos, de cinco a seis niños, en la línea de salida; a veinte pasos, se marca otra línea paralela a la primera; los niños avanzan saltando con los dos pies juntos y regresan con uno solo; cambian posición cada diez saltos. Gana quien hace el recorrido sin equivocarse.

## JUEGOS DE RITMO, TIEMPO Y ESPACIO

*El bote de la pelota*

Todos con una pelota o se forman pequeños grupos, de acuerdo con la cantidad de pelotas con que se cuente. El juego consiste en botar la pelota en el suelo, con una y otra mano, durante el mayor tiempo posible. Cada jugador o los demás compañeros, deben llevar la cuenta de los botes que se hacen de manera ininterrumpida.

Una variante más difícil consiste en botar la pelota alternadamente con una y otra mano, tanto tiempo como sea posible.

Posteriormente, cuando se adquiere mayor destreza, la velocidad para botar la pelota debe variar, por ejemplo, comenzar lento e ir cada vez más rápido y viceversa, alternando el ritmo. Cuando se domina el juego se puede agregar la siguiente canción:

*Tic tac, tic tac*
*Hace el reloj grande*
*Tic tac, tic tac* (más rápido o más lento, depende del momento del juego)
*Hace el relojito*

Y mientras cantan siguen botando la pelota.

*Pelota al suelo*

Se pueden inventar diferentes concursos entre los niños y a la vez pedirles que ellos mismos inventen variaciones de otros ejercicios. Por ejemplo, otra variante del juego anterior puede ser: botar la pelota más veces con un solo golpe; o recorrer la mayor distancia, rodándola la menor cantidad de veces; se pueden trazar recorridos con obstáculos, como por ejemplo ir 10 metros en línea recta, luego realizar *slalom* (zigzag) entre obstáculos (sillas, botes, banderines, etcétera) y regresar a la carrera, etcétera; fijar un recorrido previamente trazado, por ejemplo dentro de un cuadrado, en un lado se avanza lento, en el otro rápido; recorrer todo el patio sin dejar de botar la pelota, etcétera.

*El perseguidor*

Se forman dos rondas concéntricas, cada una con el mismo número de niños. Se asigna la letra *A* para la ronda interior y *B*, para la exterior. Cada niño de *A* tiene que seguir con la mirada al compañero de *B*, que se formó detrás de él. Las rondas giran en sentido inverso y simultáneamente se puede cantar alguna canción sencilla.

Cuando el maestro dé la señal, los jugadores de *B* salen corriendo, y cada jugador de *A* intenta atrapar a su pareja. La carrera de persecución tiene un tiempo fijo, que el maestro acuerda con los niños y que resulta importante modificarlo, después de un rato para que los pequeños vayan asimilando diferentes tiempos. El orden se alterna, y gana el equipo en el que menos niños fueron atrapados.

*El juego de la rueda*

Se forman círculos de ocho niños, tomados de la mano. Los números nones (1, 3, 5, 7) sostienen firmemente a sus compañeros pares (2, 4, 6 y 8) que están inclinados hacia atrás, con los pies juntos en el centro de la ronda. Todos giran alrededor del eje; después de algunas vueltas, se invierten los papeles. Gana el equipo que conserva más el equilibrio.

*¡Que nadie salga!*

La mitad del grupo forma un círculo, tomados de la mano y con las piernas separadas; la otra mitad se coloca en el interior. A la señal del maestro, los que están dentro tratan de salir pasando por debajo de las piernas y los brazos de sus compañeros, estos últimos tratan de impedirlo cerrando las piernas y acercándose entre sí (siempre de pie). Si un "prisionero" consigue salir, ocupan su lugar los culpables de la fuga, mientras que él gana un punto y puede integrarse al círculo de defensa, u observar el juego.

## JUEGOS DE EXPRESIÓN GRÁFICA Y APOYO A LA ESCRITURA

*El juego de las letras*

En tarjetas de cartulina de diferentes tamaños y colores, se escriben algunas letras del alfabeto y se meten en una caja. Al empezar, el ejercicio se realiza, por ejemplo, con cinco letras que se le presentan al niño; éstas pueden ser vocales al principio, y posteriormente consonantes, de manera que el pequeño pueda comenzar a formar palabras.

La maestra coloca en el suelo las letras que ha señalado entre todas las demás y las escribe en el pizarrón. Después pide a uno de los niños que salte sobre las mismas en el orden en que ella las escribió. Esto permite que los participantes vayan reconociendo las distintas letras. Cada vez que uno de los niños se equivoca, los demás lo señalan. Más adelante, este ejercicio se puede realizar en parejas, con diferentes abecedarios y uno para cada miembro.

Variantes: se puede aumentar el número de cuadros con letras de cinco hasta treinta y se puede, asimismo, variar la acción; por ejemplo, correr alrededor de la letra, saltar con un pie, brincar, pisarlas o señalarlas lanzando una bolsita de gimnasia.

*Encontrar letras*

Se dibujan en el suelo —inclinadas alargadas, acostadas, de cabeza, horizontales, grandes, chicas, etcétera—, las diferentes letras del alfabeto. Posteriormente, la maestra escribe en el pizarrón las letras que deben encontrar los niños, quienes al encontrarlas, tienen que caminar siguiendo el contorno y nombrar a los demás compañeros para que éstos confirmen el hallazgo. Después, ellos mismos las pueden escribir en el pizarrón o *dibujarlas*, caminando, corriendo o saltando.

*Formar palabras*

En el patio de la escuela se dibuja, con gis, un cuadrado con letras repetidas; los niños van tirando bolsitas sobre ellas para formar palabras sencillas. Por ejemplo: mamá, maestra, casa, etcétera.

Más adelante, pueden repetir el ejercicio saltando sobre las respectivas letras para formar así las palabras.

*Diferentes formas de escribir*

Los niños trazarán en el suelo, caminando o corriendo, las formas de las letras o números. Posteriormente pueden escribir, de esta manera, las palabras que están aprendiendo.

*La escritura invisible*

Divididos en parejas, los niños escriben en el aire letras o palabras pequeñas, muy lentamente, que el compañero tiene que leer. Una variante de este ejercicio puede ser: en parejas, uno acostado boca abajo y el otro escribe lentamente, en la espalda de su compañero, con un dedo. El primero tiene que adivinar las palabras que escribió su pareja, por ejemplo, papá, casa, mesa, etcétera.

*La escritura grupal*

Se forman diferentes grupos, de quince a veinte niños, y cada uno se pone de acuerdo para *escribir* con sus cuerpos una palabra, por lo que para formar cada letra tendrán que adoptar distintas posturas corporales: acostados; con los brazos en alto; arrodillados; con las piernas elevadas, según el caso. La imaginación de los niños indicará una gran cantidad de formas que sorprenderá por su creatividad.

*La escritura diferente*

Se forman varios grupos y se les dan distintos materiales: cerillos, recortes de papel, frijoles, fideos, plastilina, arroz, botones, piedritas, etcétera. Con estos elementos, cada grupo debe realizar un dibujo y luego escribir, con los mismos, el nombre de ese objeto.

*La caza de las letras*

La maestra forma parejas o tríos y a cada uno le entrega una revista o periódico y un plumón rojo; la tarea consiste en que cada pareja tiene que señalar, en un tiempo determinado, la letra que la maestra escribe en el pizarrón. Gana el equipo que encuentre más letras. Posteriormente, se puede aumentar la dificultad agregando mayor número de letras.

*La improvisación*

La maestra prepara una lista de palabras y las numera de la siguiente forma:

| | | |
|---|---|---|
| 1. casa | 11. sol | 21. México |
| 2. caminar | 12. tela | 22. lápiz |
| 3. papá | 13. tuna | 23. canción |
| 4. niño | 14. gente | 24. rincón |
| 5. mercado | 15. pájaro | 25. veo |
| 6. peso | 16. flores | 26. voy |
| 7. día | 17. comen | 27. hoja |
| 8. sal | 18. campo | 28. cielo |
| 9. pan | 19. árbol | 29. estrellas |
| 10. mar | 20. volar | 30. cosas |

Se le pide a los niños que busquen dos palabras, que las identifiquen por el número y que escriban con ellas oraciones breves, por ejemplo: "En el cielo vi un pájaro."

*El acento adecuado*

La maestra forma parejas o tríos y a cada uno le da revistas o libros; la tarea consiste en buscar palabras que lleven acento, clasificarlas de acuerdo con la sílaba acentuada y hacer una lista con ellas, por ejemplo:

Acento en la última sílaba:
—mamá
—canción

Acento en la penúltima:
—árbol
—lápiz

En la antepenúltima:
—México
—pájaro

Juegos de asociación lógica y matemáticas

*El juego de las diferentes clasificaciones*

Se forman grupos de tres a cinco participantes y a cada uno se le da un aro gimnástico o, en su defecto, se pinta en el suelo un círculo con gis. Cerca de los círculos, se colocan diversos objetos: pelotitas, bolsitas de gimnasia, canicas, cerillos, piedras, botones, cuadernos, libros y todo tipo de elementos que puedan servir para el ejercicio.

El maestro da a cada grupo una consigna: "Reúnan todos los objetos que sean parecidos y colóquenlos dentro del aro."

Posteriormente, se les puede pedir que realicen conjuntos por formas, colores, tamaños, utilidad, etcétera. De la misma forma, en relación con esas características se pueden clasificar los muebles del aula por su uso, tamaño, color; o bien, hojas, plantas, piedras, palitos, etcétera.

*El juego de las comparaciones*

Con los diferentes elementos reunidos en el ejercicio anterior, la maestra pregunta a cada grupo sobre los diferentes conjuntos colocados en los aros: "¿Hay la misma cantidad en cada uno? ¿Dónde hay más? ¿Dónde hay menos?"

También se les puede pedir que formen parejas con objetos de los distintos conjuntos.

*El juego de los números*

Al principio, se juega con grupos de seis niños y posteriormente de diez. El maestro puede utilizar el pizarrón y pedir a cada uno de los pequeños que pasen al frente y escriban una "X"; luego muestra cómo éstas pueden representar un número. Más tarde pide que antes de sentarse, cada uno borre la "X" que escribió. Cuando no quede ninguna letra, el maestro puede preguntar: "¿Cuántas cruces hay en el pizarrón?" En el momento en que le contesten "ninguna", debe explicar que al concepto de ninguno o nada se le representa con el símbolo de "0", cero.

Más adelante, el grupo se divide en equipos de diez niños, que se sientan alrededor de un aro o círculo —hay tantos aros como equipos. El profesor tiene tarjetas con números de 0 al 10, los muestra y pronuncia en voz alta. En ese momento entran al círculo tantos jugadores como lo señale el número anunciado y permanecen ahí hasta nueva orden. Para indicar la cifra, el maestro puede usar los dedos, el pizarrón; dar palmadas o silbatazos.

Una vez aprendido el ejercicio, el profesor puede contar una historia o hablarles de cualquier tema y cuando mencione algún número, inmediatamente deben entrar al aro igual cantidad de jugadores. Por lo que la atención de los mismos, tiene que ser constante.

*Juego de las preguntas*

El siguiente ejercicio se puede realizar después de cualquier actividad, como una excursión por la ciudad, una caminata o un juego en el patio, en donde haya participado todo el grupo. El propósito de este ejercicio es ayudar a que los niños expresen sus ideas claramente, usando oraciones completas y con una secuencia lógica.

La maestra pide al grupo que narre la experiencia libremente; aunque por medio de preguntas puede orientar la información, de tal manera que las contestaciones no se limiten a un "sí" o un "no". La profesora realiza todo tipo de interrogantes: ¿quién?, ¿quién es qué?, ¿qué cosa es qué?, ¿dónde?, ¿por qué causa?, ¿cómo?, ¿con quién?, ¿para qué? Posteriormente, cuando los niños estén lo suficientemente entrenados, ellos mismos pueden realizar el interrogatorio, para conformar la narración completa.

Cuando el alumno posee ya cierto dominio de la escritura se le puede pedir que realice una composición individual y las preguntas se formulen sobre la misma, de modo que las explique verbalmente.

Otra variante puede ser que la maestra escriba la experiencia en el pizarrón y los niños, después de leerla, contesten las interrogantes.

*El juego del "yo veo"*

La maestra prepara una caja con diferentes objetos y reúne al grupo alrededor de la misma. La profesora dice: "Veo, veo una cosa que su nombre empieza con 't' "; pregunta entonces a cualquier niño: ¿qué es? y el pequeño debe responder correctamente. El ejercicio continúa igual con los demás objetos.

Este juego permite al niño reconocer los sonidos de las palabras de su idioma, la pronunciación correcta y lo introduce en el conocimiento de las letras y la escritura. Más adelante, se puede realizar pronunciando el primer y el último sonido del nombre del objeto: "Comienza con 'c' y termina con 'o': cubo", etcétera.

*Dominó decimal*

El maestro realiza, con la colaboración de los niños, un dominó para cada uno, con cartones o tarjetas. Este ejercicio tiene varias ventajas para el aprendizaje de la percepción global del número; además que facilita la concentración; evita el mal hábito de contar con los dedos y acelera la representación del orden numérico. Todo dentro de un marco de alegría propiciado por el juego.

Al principio, se puede jugar con la numeración del uno al seis y posteriormente hasta diez. Con el dominó se puede comparar conjuntos; ver cuál número es mayor o menor que otro; ordenar las fichas de menor a mayor o viceversa; sumar y restar, formando una regla con el dominó, etcétera. Por ejemplo: Susanita va de su casa a la panadería, camina una cuadra y luego se va al supermercado y camina tres cuadras. ¿Cuántas caminó en total?

O bien: Susanita, para ir de su casa a la escuela, tiene que recorrer cuatro cuadras, pero ya caminó dos. ¿Cuánto le falta para llegar a la escuela?

También se pueden utilizar como conjuntos: Juan quiere comprar un dulce que le cuesta $4 y tiene 2; su papá le da otros $3. ¿Cuántos pesos tiene? Después de comprar el dulce ¿cuánto dinero le queda?, etcétera.

El maestro puede realizar una gran variedad de juegos con este material.

*Juego de dados*

Para el siguiente ejercicio se pueden utilizar distintos materiales: dados de cartón o madera; migas de pan; pedazos de cartulina, todos ellos con puntos marcados del 0 al 3, y más adelante hasta el 6. Se pueden ir tirando y sumando; también jugar con dados de dos colores, por ejemplo, blanco y negro, se suma la cantidad que marcan los dados blancos y se resta la de los negros. Todas las operaciones deben ser orientadas por la maestra.

*Relevos de saltar y contar*

El maestro divide al grupo en varios equipos iguales. En el patio se marcan con gis, circuitos diferentes, con distintas figuras geométricas, a las que corresponde un mismo número, ejemplo: los cuadrados el 4; los triángulos el 3; los círculos el 5, etcétera. Los números indican la cantidad de saltos que deben efectuar los participantes en cada sitio. De acuerdo con las indicaciones del profesor,

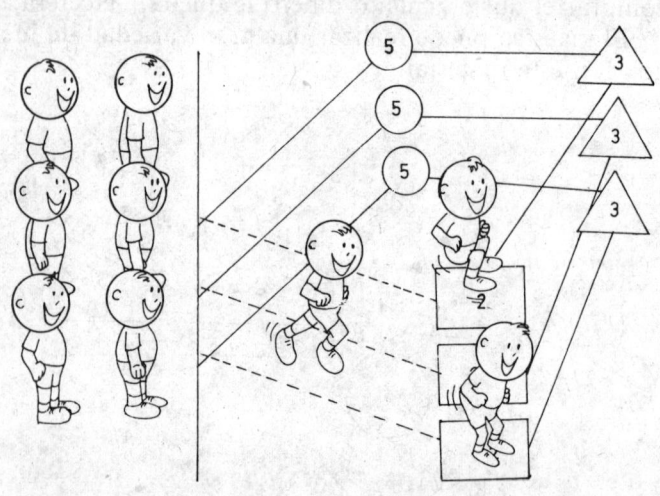

los equipos tienen que llegar a los distintos puntos del circuito de diferente forma, a saber: brincar en un solo pie hasta el cuadrado y allí realizar cuatro saltos; "gatear" hasta el círculo y dar cinco saltos, etcétera.

*Cielo azul*

El maestro puede trazar el siguiente diagrama (ver ilustración), en el patio de la escuela. Se puede jugar en equipos de cinco a ocho niños, cada uno a su turno. El primer jugador debe lanzar una piedra plana o una bolsita de gimnasia, al espacio señalado con el número 1, saltar de inmediato a dicho espacio. Si la piedra cae sobre alguna de las líneas del diagrama, el participante pierde su turno; si no, debe pasar al número 2, y continuar hasta llegar al 10.

El maestro puede indicar otras variantes del ejercicio o inventarlas de común acuerdo con los niños.

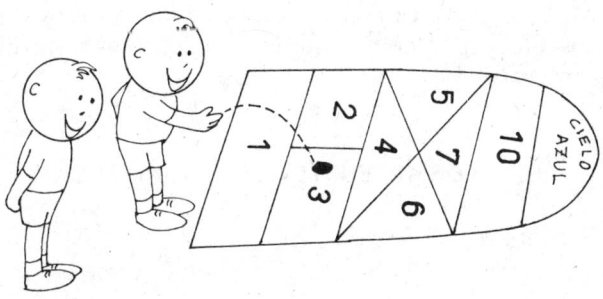

*Ordenar elementos por tamaños*

Este juego parte del principio de que antes de poder experimentar con los números los alumnos necesitan comprender las nociones de secuencia u ordenamiento de menor a mayor, o viceversa.

El juego consiste en ordenar ramas o palitos de madera, de diferentes tamaños, del más chico al más grande.

Variantes: el maestro puede solicitar a los niños que se formen en hileras, por estaturas, de menor a mayor, de la misma forma que lo hicieron con los palitos; o bien alternados: uno alto y otro bajo; o que dibujen rayas, ordenadas de la misma forma, en el suelo o en el pizarrón.

*La rayuela de números*

El maestro dibuja en el suelo una cuadrícula, al pie de la cual anota una serie de números; al principio del cero al seis y, posteriormente, hasta el diez. Dentro de una bolsa, el profesor tiene una gran cantidad de fichas con estos números, mismos que ofrece a los equipos para que, colocados en el punto de partida (el número cero), cada quien escoja uno. Por ejemplo, si el primer alumno saca una ficha con el número 4, debe saltar, con una sola pierna, hasta dicho número. El número indica la gran cantidad de saltos que cada jugador tiene que dar para llegar a la meta. Gana el que llegue primero a la última cifra. El maestro debe preguntar a cada jugador cuántos saltos dio y por cuáles números pasó, antes de llegar a la meta.

### Juego de aprendizaje y socialización

*El jardinero y el ladrón*

Los niños, de pie, forman un círculo; uno de ellos representa al ladrón y se acomoda dentro del círculo; otro, es el jardinero y se encuentra fuera del perímetro señalado. Ambos tienen la siguiente conversación:

Jardinero: ¿Quién te dejó pasar a mi jardín?
Ladrón: Nadie.
Jardinero: ¡Te voy a atrapar!
Ladrón: ¡Lo veremos!

En este momento, el jardinero entra al círculo y el ladrón sale. Ahora el jardinero tiene que perseguir al ladrón, saliendo del círculo, por el mismo lugar que él y repitiendo lo que hace el ladrón, quien puede hacer piruetas, giros, saltos y todos los movimientos que se le ocurran. Luego, el ladrón debe tratar de entrar al círculo por el mismo lugar que salió y no dejarse tocar por el jardinero. Si éste llega a tocarlo, pasa a ser jardinero; si no, el jardinero continúa en su papel y se elige un nuevo ladrón para seguir el juego. Si el jardinero no cumple o se olvida de hacer alguna de las piruetas que realizó el ladrón, regresa al círculo y el ladrón elige otro jardinero.

*Gansos y gallinas*

Los jugadores se dividen en dos equipos de igual número, enfrentados con una distancia de dos a tres metros; a su espalda —a unos 13 o 15 metros de cada fila— hay una línea de seguridad o refugio. Uno de los equipos representa a los gansos; el otro a las gallinas.

Cuando la maestra grita: "¡Gansos!", éstos deben de correr hacia su línea de seguridad, tratando de llegar antes de que las gallinas puedan tocarlos. Si la profesora grita: "¡Grillos!"; nadie se mueve; ella siempre debe tratar de engañarlos y preceder su exclamación de sonidos: "Ga. . .ga. . .ga. . ." o "grrr", etcétera, de tal forma que los jugadores tengan que estar atentos y reaccionar ante una situación más difícil.

Cada equipo se anota un tanto por cada miembro del otro grupo que toque, antes de llegar a la línea de seguridad o refugio.

*Eliminado*

En una línea de salida se colocan los jugadores y al frente, en otra línea, situada a 15 o 20 metros, se ponen distintos objetos: pelotas, tenis, costalitos, bastones, sudaderas; tantos como jugadores, menos uno.

Cuando la maestra grita: ¡Listos... ya! Los niños corren hacia los objetos y cada quien trata de apoderarse de uno solo. El jugador que se queda sin nada, es eliminado. Se suprime un segundo objeto —y así sucesivamente— y los jugadores se preparan para repetir el proceso hasta que reste uno solo, quien será el ganador.

*El pato*

Un jugador, elegido por la maestra o por el grupo, es el zorro y tiene que atrapar a los demás. La única manera de no ser capturado es ponerse en cuclillas y caminar como un pato. Cada vez que se agachan, los jugadores deben dar así diez pasos; luego se levantan y dan otros tantos, antes de agacharse nuevamente, etcétera. Quien sea tocado pasa a ser el zorro.

*La pose de las estatuas*

Los participantes adoptan una pose determinada, como la de un animal, una estatua, un árbol; otro es el perseguidor. Los primeros toman cualquier posición para no ser atrapados; pero antes de ponerse en una nueva, deben correr quince pasos.

*La búsqueda del hueso*

Los jugadores se sientan en círculo con las piernas encogidas, bien apretados entre sí. Otro participante se coloca, ya sea en el centro del círculo o fuera del mismo. El "hueso" (un tenis, una bolsita de gimnasia u otro elemento similar) debe avanzar rápidamente por debajo de las piernas de los jugadores del círculo, con el propósito de ocultarlo al que está de pie, quien tratará de apoderarse del hueso. Cuando esto sucede, lo debe relevar el jugador que lo perdió.

Durante el ejercicio, los demás pueden golpear a su compañero en los glúteos para despistarlo.

*Cosechando cebollas*

Sentados en hileras, de cinco a seis participantes, los niños se sujetan fuertemente de la cintura del compañero de enfrente, todos ellos son las "cebollas". Otro jugador, el "campesino", se sitúa delante de la fila y a la señal de la maestra trata de arrancar —sin empujones, ni golpes, sólo jalándola de las manos— la primera cebolla. El campesino continúa de esta manera hasta arrancar la última cebolla del huerto.

Variante: se pueden formar equipos para ver cuál jugador logra arrancar todas las cebollas primero.

*La escondida*

Este juego universal permite divertirse durante varias horas: un niño elegido por sorteo o por la maestra, se pone de cara a la pared y comienza a contar hasta un número convenido por los participantes, quienes corren a esconderse por todas partes. Al terminar de contar, el primero comienza a buscar a los demás; éstos tratarán de llegar sin ser vistos hasta la pared o base y gritar: "¡1, 2, 3 por mí!", al descubrir algún compañero, el que busca, por su parte, debe correr y decir: "¡1, 2, 3, por fulanito, que está escondido detrás del árbol!"; éste debe salir y queda eliminado. Sin embargo, el último jugador puede salvar a todos, si logra llegar a la base y gritar: ¡1, 2, 3 por mí y por todos mis compañeros!"; pierde entonces el que busca y se reinicia el juego.

*El juego de las canicas*

Este popular juego tiene infinidad de combinaciones: el más común consiste en meter la canica (una bolita de cristal o mármol) en un hoyo del tamaño de ésta hecho en el suelo, y luego golpear la canica del contrario; uno más consiste en hacer "carambolas", es decir, pegarle a una o dos canicas con un mismo tiro; otra variante: sacar las canicas —golpeándolas con otra— de un círculo pintado en el piso, etcétera.

Los maestros tienen con este juego un elemento educativo muy interesante, puesto que en él intervienen factores como coordinación fina, precisión, puntería, cálculo y que, además, agrada mucho a los niños.

## Carreras individuales simples y juegos de persecución

*Carreras individuales simples*

En estas carreras se parte de una línea de salida y gana el primero que alcanza la meta. Las distancias y los obstáculos deben calcularse en función de la edad y capacidad de los niños.

Las siguientes son algunas modalidades que pueden adoptar los juegos de carreras:

- en "cámara lenta"; gana el último en llegar
- de espaldas

- de pata coja, sosteniendo la pierna con una mano
- de salto con piernas juntas, sobre la punta de los pies o los talones
- de equilibrio, colocando un pie delante del otro, juntando la punta y el talón a cada paso
- carrera de patos; en cuclillas, con las manos en las rodillas o sujetándose los tobillos
- carrera de títeres; levantando el brazo y la pierna del mismo lado
- de cangrejos; en cuadrupedia, boca arriba
- de perros; en cuadrupedia, boca abajo; de frente o de lado
- de caballos; en parejas uno sobre otro
- de mellizos; en parejas con una pierna atada
- de embolsados; con medio cuerpo metido en sacos o bolsas de lona
- de enanos; tratando de adoptar la posición más pequeña posible o de gigantes, o viceversa
- con objetos; saltando con una bolsita o pelota, apretada entre las piernas; de caballito, con un bastón entre las piernas; con aros, llevando éstos como volante o girando en la cintura, etcétera.

## *La carrera de los globos*

La maestra forma grupos de cuatro o cinco niños, sentados en rueda; cada uno tiene un globo desinflado; cuando se da la señal, el primer niño comienza a inflarlo; a una nueva indicación de la maestra, empieza el segundo y así sucesivamente. Gana el grupo que tenga los globos más grandes, y se eliminan los equipos a los que se les reventó algún globo.

## *Carrera de parejas*

Los niños tomados de las manos, de la cintura, de los brazos o de los hombros, realizan cualquiera de las carreras mencionadas anteriormente, con o sin elementos.

*Carrera del carro romano I*

Un niño dentro de un aro que otro sostiene detrás de su compañero; ambos corren a la misma velocidad.
　Variante: el niño de adelante lleva una soga en la cintura, que sujeta el de atrás.

*Carrera de equilibrio*

Dos niños se colocan en cuadrupedia paralelamente, y un tercero se sube en las espaldas de sus compañeros. Cuando éstos avanzan, el otro debe mantener durante toda la carrera, el equilibrio para no quedar eliminado.

*Carrera de los perros*

Dos niños se colocan en cuadrupedia paralelamente y elevan una de sus piernas hacia atrás. Un tercer jugador las toma como riendas y corren de esta forma hasta la meta. Queda eliminado el equipo que pierda la posición.

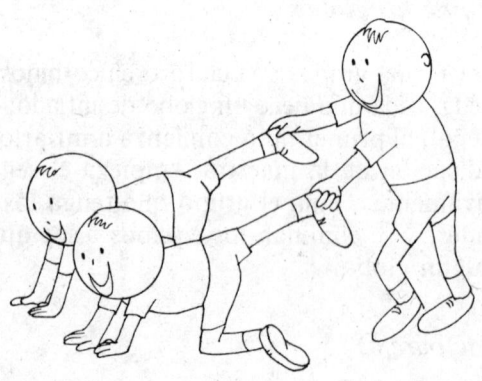

*Carrera de cinco pies*

Tres niños se colocan uno al lado del otro. El del centro levanta una pierna y pasa los brazos sobre los hombros de sus compañeros; éstos, a su vez, pasan el brazo —del lado interno—, respectivamente, por debajo de la pierna del primero y se toman de la mano. Deben correr hacia la meta en esta posición para realizar, por lo menos, tres carreras rotando sus puestos.

*El carro romano II*

Cuatro jugadores: dos de ellos de pie, uno al lado del otro, un tercero inclina el cuerpo, hasta quedar paralelo al piso y sujeta la cintura de sus compañeros; el cuarto subirá a la espalda del tercero y da la mano a los otros niños, quienes lo sujetan con los brazos exteriores respectivos. De esta forma, avanzan hasta la meta. Queda descalificado el equipo que pierda el equilibrio.

*Carrera de los tenis*

El grupo dividido en equipos que se forman en columnas, detrás de la línea de salida. Aproximadamente a 15 metros de ésta, se dibuja un círculo y a unos 10 metros, otro más. A la señal de la maestra, el primer jugador de cada equipo corre hasta el primer círculo y allí se quita el tenis y el calcetín del pie izquierdo; saltando con el pie derecho —y con su calcetín y zapato en la mano—, avanza hasta el otro círculo, en donde se quitará el tenis y el calcetín del pie derecho. Antes de regresar al primer punto, volverá a ponerse las prendas del pie izquierdo y una vez allí, las del derecho, para regresar corriendo al punto de partida y ser relevado por el siguiente compañero. Gana el equipo cuyo último integrante cruce primero la línea de salida.

*El dulcero*

En un extremo del campo se marca un refugio bastante grande. En el centro del terreno está un jugador: "El dulcero"; los demás se acomodan a su alrededor, sin juntarse demasiado para evitar accidentes. A la señal de la maestra, los jugadores comienzan a saltar en torno al dulcero y a preguntarle: "¿Qué dulce tiene para mí?" A cada respuesta que éste da: "Chocolates, caramelos de naranja, cocadas...", los niños dicen: "¡Qué bueno!" Pero cuando el dulcero grita: "¡Nada!", comienza a perseguir a sus compañeros, quienes corren a esconderse al refugio.

La profesora elige a otro niño para ocupar el lugar que dejó el primero y el juego comienza nuevamente.

*Le tiré un palo al gato*

En este juego —similar al anterior— los niños giran alrededor del gato y le cantan en coro: "Le tiré un palo al gato, miau, miau, miau". Al pronunciar el tercer "miau", huyen hacia el refugio para evitar ser atrapados por el gato, quien posteriormente elige, entre los que no pudo alcanzar, a alguien que debe sustituirlo, para continuar el juego. Aquel jugador que se sale del área marcada para el ejercicio se le considera atrapado.

*El conejo blanco*

Todos los niños, excepto uno, forman un círculo bastante amplio. A la señal de la maestra, el conejo —el niño que quedó fuera— empieza a correr alrededor del círculo y repentinamente toca el hombro de algún compañero, mismo que debe salir en su persecución. Antes de ser atrapado, el conejo tratará de ocupar el lugar que su perseguidor dejó vacío; si lo consigue, el otro pasa a ser conejo y se reinicia el juego.

# *Juegos de segundo nivel: 8 a 10 años*   5

### Juegos de motricidad general

*Plantar y recoger las sandías*

Se forman en hilera equipos de diez jugadores y a cada grupo se le dan seis aros de gimnasia (las sandías). A la indicación de la maestra, el primer alumno corre con los aros y los coloca en los lugares previamente señalados en el piso, delante de cada fila. Una vez que ha puesto todos, gira y regresa saltando dentro de los aros, al tiempo que los recoge uno por uno. Al llegar a la línea de salida, los entrega al siguiente compañero de su equipo, quien repite el ejercicio y así sucesivamente, hasta que hayan pasado todos los niños. Gana el grupo que termina primero sin cometer errores.

*Carrera de brazos*

En tríos; a cada grupo se le da un bastón de gimnasia y dos de ellos lo toman por sus extremos. El tercero se coloca en posición de banco invertido (de cúbito dorsal), apoyando las manos extendidas en el suelo, y las piernas flexionadas en el bastón. Avanza en esa posición hasta la meta, misma que deberá colocarse entre unos seis y diez metros, dependiendo de la condición física de los jugadores. Cada vez que llegan a la meta, intercambian posiciones. Gana el equipo que termine primero, sin equivocarse.

*Jinetes y caballos*

Se divide al grupo en dos partes iguales: jinetes y caballos, respectivamente. Los primeros montan sobre la espalda de sus compañeros y se lanzan entre sí una pelota, acción que los caballos tratarán de impedir. Si la pelota cae al suelo, los jinetes suman puntos malos. Después de un rato, intercambian posiciones y continúa el juego. Gana el equipo que tenga menos puntos en contra.

*Lucha en equilibrio*

Se juega sobre un banco sueco, banco largo o barra de equilibrio. Se forman dos equipos que se colocan en hilera, en ambos extremos de la barra. A la señal de la maestra, sube un jugador de cada equipo, caminan hasta encontrarse y tratan, respectivamente, de hacer caer al adversario, luchando únicamente con los índices extendidos. Gana el equipo que sume mayor número de puntos.

*Duelo de sombreros*

Se divide al grupo en dos equipos y pasa una pareja por vez. Cada uno de los adversarios llevará puesta una bolsa de papel como sombrero y un "garrote" de papel periódico. El duelo consiste en derribar el sombrero del enemigo, defendiendo, al mismo tiempo, el propio. Gana quien tire el sombrero al contrario.

*Lucha en la línea*

Dos equipos —separados por una línea que se marca con un gis o una cuerda— se enfrentan en el centro del patio. Cuando la maestra lo indique, los contrincantes se toman de las manos y tratan de arrastrarse mutuamente hacia su respectivo lado; si consiguen hacer pasar —por completo— de su lado a un contrario, éste se convierte en prisionero. Gana el equipo que logre hacer más prisioneros. Tanto para atrapar a uno como para salvar a otro, pueden cooperar dos o más compañeros.

Variante: se marcan dos líneas paralelas a la línea central, a unos tres o cinco metros de ésta; sólo pasan a ser prisioneros aquellos jugadores que rebasen las líneas finales, y si un compañero los toca, pueden volver a luchar en su campo.

*Los trenecitos*

Se forman en hilera varios equipos de igual número de integrantes, se colocan dos líneas paralelas en el campo separadas entre veinte y treinta metros, aproximadamente.

Todos los grupos se sitúan del mismo lado, detrás de una de las marcas. El primer jugador de cada equipo es "el tren" y corre hasta la otra línea, regresa, toma de la mano a su compañero y corre con él hasta la segunda. Continúan así, sucesivamente, y en cada vuelta, van agregando un vagón. Gana el equipo que termina primero y completa la carrera sin soltarse.

*¿Quién toma más cintas?*

Todos los jugadores distribuidos libremente en el patio, cada uno lleva una cinta amarrada (con un nudo fácil de desatar), a la altura de la rodilla. Todos tratan de agarrar la cinta de los otros, defendiendo a la vez la propia. Los que la pierden quedan eliminados. Gana aquel que obtiene más cintas.

### Juegos de percepción sensorio-motríz

*Patos y cisnes*

Se dibuja en el patio un círculo grande, o varios pequeños, y se hacen dos equipos: uno de "patos" y otro de "cisnes". La maestra produce ciertos sonidos que deben obedecer los equipos, por ejemplo, una palmada —o silbatazo— para que actúen los patos; dos para los cisnes. O bien, con colores distintos para cada equipo. Los niños se colocan indistintamente alrededor del círculo y esperan la indicación de la profesora: una palmada y los patos tienen que saltar al agua —dentro del círculo— y si están en ella, saltan a tierra; dos golpes y les corresponde a los cisnes. Pierden los que se tardan más en cumplir la orden o se equivocan ante los amagos del maestro. Los que se equivocan quedan eliminados o se les hace pagar una prenda.

*El semáforo*

Se traza un par de líneas paralelas, a tres metros de distancia y a ocho metros de éstas, se dibujan —también paralelamente— dos líneas de llegada. Se forman dos equipos de igual número de integrantes que se colocan, respectivamente, detrás de las dos primeras rayas. A cada equipo corresponde un color: "amarillo" y "verde". El maestro se sitúa entre los dos equipos con un guante —papel o pañoleta— amarillo y otro verde. Cuando abre una mano, por ejemplo, la verde, significa que ese equipo tiene el pase libre y debe perseguir al otro; si el profesor abre y cierra rápidamente la mano, nadie puede correr; si lo hace tres veces, significa lo contrario y el equipo amarillo corretea al verde.

Se pueden agregar más consignas, por ejemplo, abrir y cerrar una mano; pero si con la otra el profesor se toca la nariz, se anula la orden y nadie se mueve. Los niños que son atrapados quedan prisioneros o por cada uno de éstos se marca un punto malo a su equipo.

*El ciego y el rengo*

El grupo se divide en dos; todos los integrantes de un equipo se sientan libremente por el patio; son los obstáculos. La otra mitad son los "ciegos" y los "rengos"; los rengos montan a los ciegos y los guían con suaves tirones de orejas, para sortear los obstáculos del camino. Después de un rato, se intercambian papeles.

*El teléfono*

Se forman dos filas de alumnos y se colocan frente a frente —de pie o sentados—; el primero de cada grupo da un apretón al segundo, que debe transmitirse hasta el último de la formación. ¿Cuál fila transmite primero el apretón hasta el extremo final? La señal debe ir y volver.

*Las consignas*

De acuerdo con el tipo de consignas, que convienen los niños con el maestro, éstos se desplazan por todo el patio, caminando, trotando, corriendo o permaneciendo inmóviles. Cada acción se ejecutará al escuchar un determinado número, color o silbatazo, que también se acordará previamente. Asimismo, las consignas se pueden señalar visualmente, por ejemplo, marcar los números con los dedos, o dependiendo de la posición de los brazos del maestro.

*Tomar la cinta*

Se forman rondas de cinco a siete jugadores, tomados de las manos; uno de ellos lleva, colgado de la cintura, en la espalda, un listón o pañuelo que otro niño —fuera de la rueda— tratará de arrancarle. Para impedirlo, la ronda debe girar constantemente para mantener al jugador del pañuelo del lado opuesto al que lo acecha. Después de un rato, se cambia de jugadores.

*Los ciegos*

Se delimita un espacio —no muy grande— en el cual los niños puedan desplazarse con facilidad y en el que no exista peligro de lastimarse; cuando el maestro lo indica, todos deben caminar con los ojos cerrados, tratando de no chocar entre sí; cuando esto ocurre, se detienen y palpan el rostro del compañero, para tratar de reconocerlo sin abrir los ojos.

*Los cuatro amigos*

El grupo se divide en cuartetos. A la señal de la maestra todos los equipos corren libremente por el patio, y a cada consigna (acordada previamente con el grupo), por ejemplo: "¡Verde!", los integrantes de las cuartetas corren para volver a reunirse. Una vez juntos, forman una ronda y empiezan a girar hasta que la profesora les indica seguir corriendo. Cada nuevo color cambia la consigna: "¡Azul!"; deben encontrarse rápidamente y formar un bote (se sientan con las piernas extendidas y tomados de las manos empiezan a remar). De esta forma se repite el juego y se van modificando las consignas.

## La palmada exacta

El maestro lanza hacia arriba un aro o una bolsita de gimnasia y todos los alumnos deben dar una palmada o emitir algún sonido, en el instante que el objeto llega a su máxima altura. Igualmente, tienen que conservar dicho sonido hasta el momento en que el aro caiga al suelo.

Variante: con una pelota; los niños dan una palmada cuando esté en lo alto y repiten el sonido a cada nuevo bote y elevación. O bien, al botar la pelota contra la pared; dar la palmada cuando bota al pegarle con la mano.

## La gallina ciega

La maestra le venda los ojos a uno de los niños, "la gallina ciega", quien tratará de atrapar a cualquiera de sus compañeros. Los demás pueden formar un círculo o bien moverse libremente por el patio. Cuando la gallina ciega atrape a uno de los jugadores, debe adivinar de quién se trata, únicamente a través del tacto. La presa, mientras tanto, permanece quieta y muda para no darle ninguna ventaja. Si la gallina se equivoca al decir el nombre de su compañero, continúa en su papel; si no, intercambian roles. De esta manera sigue el juego.

JUEGOS DE ESTRUCTURACIÓN DEL ESQUEMA CORPORAL

## La cola del lobo

La maestra elige a un "lobo" —posteriormente podrán ser más— y le coloca la cola (cinta, cuerda, mascada, pañuelo, etcétera). A una señal determinada, el lobo sale corriendo y los demás niños lo persiguen para quitarle la cola. La única manera que tiene el lobo para defenderse es tocando a sus perseguidores, quienes al contacto se convierten automáticamente en estatuas. Éstas sólo recuperan su movilidad si el lobo las quiere volver a tocar. El niño que le arranque la cola, se convierte a su vez en lobo y el juego empieza de nuevo.

*Los muñecos*

Se divide al grupo en tríos; un niño de cada equipo es el "muñeco"; el maestro indica de qué material está hecho: madera, trapo, metal pesado o liviano, hule espuma, etcétera.

De acuerdo con las características del muñeco: títere, robot, cuerda, etcétera —mismas que le atribuyen los niños— la educadora pedirá a los otros dos que lo hagan realizar ciertas acciones, por ejemplo, levantarlo, sentarlo; moverle el pie izquierdo y el brazo derecho; flexionarlo de la cintura; acostarlo; levantarle las piernas; moverle la cabeza de un lado a otro, etcétera. El muñeco debe responder, por su parte, a todas las manipulaciones y movimientos que le marcan sus compañeros.

*Cumplir la orden*

Se forman parejas; uno de los niños se acuesta ya sea boca arriba o boca abajo, y el otro se hinca a su lado. Este último empieza a tocar a su compañero, por ejemplo, en dos partes del cuerpo; el que está acostado, en el orden que sintió el contacto, tiene que levantar o bajar únicamente la parte señalada por el otro. Por ejemplo, si está boca abajo y le tocan primero el brazo derecho y luego la rodilla izquierda, debe mover sus miembros en ese orden; pero si el compañero lo toca en ambas partes simultáneamente debe efectuar de igual manera el movimiento y de acuerdo con su posición.

*Dibujar figuras*

El maestro designa a un grupo de niños como "los modelos" y otro como "los dibujantes". La maestra pide a los modelos que cierren los ojos y los coloca pegados al pizarrón o los acuesta en el piso. Una vez en sus posiciones, los otros dibujan sus contornos con un gis. Posteriormente, se hace que los modelos den varias vueltas conservando los ojos cerrados y después se les pide que reconozcan su silueta. Más adelante, intercambian papeles.

Variantes: los dibujos se realizan en diferentes posiciones: acostados boca arriba o boca abajo; piernas y brazos abiertos; adoptando la posición más pequeña posible; distintas partes del cuerpo: una pierna, un brazo, el torso y todas las posibilidades que puedan inventar los propios niños.

*¿Cuál era el diseño?*

Al igual que en el juego anterior, se dibuja con gis la silueta de un niño en el pizarrón o en el suelo. Otro "pinta" sobre el cuerpo de su compañero cualquier figura geométrica y también escribe su nombre o una palabra simple: mamá, papá, casa, etcétera. Posteriormente, el primero tiene que dibujar sobre su propia silueta en el pizarrón —en el mismo lugar que lo hicieron en su cuerpo— las figuras que le trazaron y mencionar las palabras que le escribieron encima.

*El juego del espejo*

Se juega en parejas: A y B; los primeros (A), deben reproducir simétricamente todos los gestos y movimientos que hacen sus compañeros (B). Después de un rato intercambian papeles.
    Variante: se sugiere a los niños que hagan mímica de la vida cotidiana, por ejemplo, levantarse de la cama, vestirse, peinarse, desayunar, etcétera.

*Pulseada con todo el cuerpo*

Se puede competir individualmente o por equipos. Los contrincantes se colocan frente a frente, avanzando la pierna derecha hasta que se toquen entre sí la punta de los pies; la pierna izquierda de ambos estará en la misma línea. Se toman de la mano derecha y cuando el maestro lo indique, cada luchador tratará de mover alguno de los pies de su adversario. Quien lo consiga será el vencedor. El ejercicio se repite varias veces y luego se cambia de pareja.

## El molesto

Se juega en parejas; el que va adelante realiza todo tipo de movimientos y el de atrás es su sombra, por lo que tiene que repetir las mismas acciones del primero. Todos sus segmentos corporales tienen que concordar con los de su compañero de enfrente. Después de un rato, intercambian puestos.

## Mancha o roña en tríos

El maestro forma equipos de tres integrantes y a cada uno corresponde una letra: A, B y C. Cada vez que se menciona alguna de éstas, el jugador respectivo debe huir, saltando con los pies juntos; los dos restantes tienen que perseguirlo, pero únicamente pueden desplazarse en una sola posición; espalda contra espalda y enganchados de los brazos. Para castigar al que huye, le tiran puntapiés al tiempo que avanzan. Cuando el maestro mencione una letra distinta, todos cambian de lugar y sale huyendo el que corresponde.

# JUEGOS DE LATERALIDAD

## El juego del trío

Se forman equipos de tres integrantes y a cada uno corresponde una letra: A, B y C. Los tríos empiezan a correr siguiendo las indicaciones del maestro, cuando éste diga, por ejemplo, "a la derecha de C", los otros dos cumplen la orden y continúan la carrera. El maestro cambia la consigna, durante el recorrido. Cada error cuenta como punto malo para el equipo.

## El robot

Se juega en parejas, uno de ellos es el robot y el otro su conductor. El primero debe cumplir todas las órdenes de su compañero a saber: alto; izquierda; derecha; atrás; adelante; tres pasos al frente; girar a la izquierda y dar cinco pasos; girar a la derecha y caminar dos pasos, etcétera. Posteriormente, intercambian papeles.

*Izquierda, derecha y centro*

Todos los niños se colocan en fila, viendo hacia el maestro; en el piso, paralela a la formación, se pinta una línea que servirá como punto de referencia. Cuando el profesor ordena: "Todos a la derecha"; los niños saltan la soga hacia ese lado y así sucesivamente. También puede pedirles que se paren sobre ella y más adelante —una vez que han comprendido el sentido del juego— el ejercicio se complica con movimientos para confundirlos, consignas repetidas u otras distintas, como adelante y atrás, etcétera. Se elimina a los que se equivoquen y el último gana.

*Las cinco consignas*

Se establecen de común acuerdo cinco consignas, a saber: azul (derecha), rojo (izquierda), verde (al frente), negro (atrás) y rojo (alto); también pueden combinarse con números, nombres de frutas y objetos. Los participantes comienzan a caminar y realizan los movimientos correspondientes a la consigna del profesor. Lo mismo se puede practicar avanzando en diferentes posiciones: en cuadrupedia, tripedia; saltando con uno o dos pies, etcétera. Para complicarlo aún más, el maestro puede agregar un número determinado de pasos o dar varias órdenes al mismo tiempo.

*Buen blanco*

Se coloca una pelota dentro de una bolsa o red y se ata con una soga; se cuelga en la rama de un árbol o algún soporte similar, de tal modo que pueda suspenderse a distintas alturas. Uno por uno, los niños intentan pegarle (como si fuera una piñata) con un bastón de gimnasia. Al principio, el maestro la suspende en distintas alturas, posteriormente, la puede mover de arriba abajo, para dificultar los golpes. Cada uno de los niños tienen cinco oportunidades y se cuentan los puntos a favor.

Variación: el mismo ejercicio, con la pelota en movimiento y a ras del suelo, pegándole cinco patadas con cada pierna. Aquí también se cuentan los aciertos.

*El juego de hacer el moño*

Los alumnos se dividen en varios equipos de igual número; se trazan dos líneas paralelas a dos o tres metros de distancia una de la otra. Detrás de la segunda línea, al frente de cada equipo, se coloca una silla y sobre ésta una soga, cinta o mascada. Cuando el maestro lo indique, el primer alumno de cada hilera corre hacia la silla y hace un moño en el respaldo (también puede hacerse con un bastón de gimnasia); regresa a su lugar y marca la salida de su siguiente compañero con una palmada, quien corre a desatar el moño y pone en juego al tercero; así sucesivamente. Gana el equipo que termina primero.

*El salto a la cuerda*

Se forman varios equipos y se colocan en círculos; en el centro, uno de los compañeros tiene una cuerda con un objeto —poco voluminoso— en la punta, pero lo suficientemente pesado para hacerla girar. Cuando el niño del centro hace girar la cuerda, todos los demás la tienen que saltar, siguiendo las órdenes de su compañero, por ejemplo: "Saltar con los pies juntos"; "con el pie izquierdo o derecho", etcétera. Se suman puntos en contra de los que no cumplen las órdenes o tocan la soga.

*El salto difícil*

Se juega en parejas; uno de ellos se sienta con las piernas separadas y con los brazos al frente, ligeramente curvos, a media altura. El segundo jugador debe saltar por encima de los brazos de su compañero hacia adelante, hacia atrás y lateralmente de 15 a 20 veces. Después intercambian posiciones y gana el que cometa menos errores. En caso de que hubiera empate se continúa con series de 10 a 15 saltos.

## Rodada en parejas

El maestro los forma en parejas y les pide que se acuesten boca abajo en el suelo, tomándose de las manos. En esta posición deben rodar simultáneamente hacia derecha e izquierda, sin que sus manos toquen en ningún momento el piso, y repetir el giro, por lo menos, de 15 a 20 veces. Gana la pareja que lo realice mejor siempre y cuando no haya tocado el suelo con las manos.

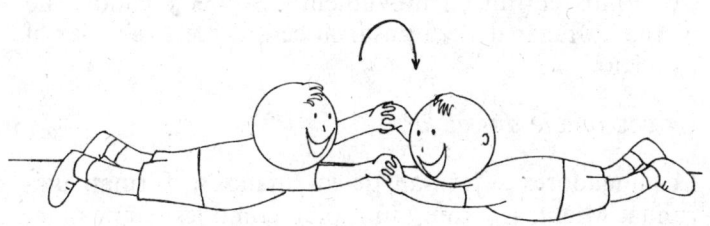

*El juego de la vela*

Se distribuyen los jugadores en el patio; todos excepto uno, se paran dentro de un aro de gimnasia, este último lleva una varita o palito en la mano. Cuando el maestro lo indique, todos se reúnen en el centro del patio; a otra señal, los niños corren para meterse en el primer aro que encuentren, incluso el que lleva la varita, por lo que al correr deberá soltarla. Aquel jugador que se quede sin aro recoge la vara y va con ella de un lugar a otro diciendo: "Alúmbrame vela mía." Entre tanto, los demás intercambian sus posiciones, previo acuerdo en silencio, comunicándose sólo con la mirada. El otro se mantiene al acecho e intenta ocupar cualquier aro que momentáneamente queda libre. Continúa así hasta que lo logra; el niño que se queda sin aro se hace cargo de la "vela" y el juego comienza de nuevo.

Éste es un juego infantil griego, contemporáneo, llamado *To keraki*, pero en vez de aros se utilizan árboles.

*Todos al tren*

Todos los jugadores forman un círculo (pueden participar de 10 a 15 niños), dejando entre sí la distancia de sus brazos extendidos. En el centro de la ronda, uno de los participantes espera la oportunidad para integrarse a ella, junto a sus compañeros. Éste es un juego silencioso en el que intervienen únicamente las señales de quienes desean cambiar de sitio. A la indicación del maestro, todos entran en movimiento. Aquel jugador que pierda su lugar deberá pasar al centro para reiniciar el ejercicio.

*La coz que le dio al jarro*

Los jugadores se toman de las manos y forman una ronda. Mientras giran, tan rápido como les sea posible, cantan:

"Coz que le dio Periquillo al jarro,
coz que le dio que le derribó."

Entonces uno de los niños queda fuera de la ronda. Se canta nuevamente el estribillo y el de afuera, corre al ritmo de los demás; terminada la canción vuelve a entrar al círculo y quien fuera su vecino ocupa su lugar. De este modo, todos van saliendo alternadamente sin que la ronda deje de girar. Hay que estar siempre muy atentos para seguir el ritmo rápido del juego que de esta manera resulta muy divertido.

*El juego de Juan*

En este juego puede participar todo el grupo y entre más gente mejor. Los jugadores se sientan en el suelo, formando un círculo, aunque también pueden quedar de pie, dando vueltas. Dos jugadores elegidos por la maestra o por sorteo, se colocan en el centro, con los ojos cerrados o vendados. Uno es "Juan" y el otro su "amo". El primero lleva un silbato. A una señal de la profesora, todos comienzan a girar tomados de la mano y el amo pregunta: "Juan ¿dónde estás?" Éste puede contestar: "Aquí mi amo" e inmediatamente cambia de sitio para despistarlo. Como ambos tienen los ojos vendados se producen momentos muy cómicos. Asimismo, Juan puede responder con un silbatazo para confundir más a su amo. En el momento en que Juan es atrapado por éste, ambos ceden su lugar a otros dos jugadores y el juego se reinicia.

JUEGOS DE ATENCIÓN, MEMORIA Y DEDUCCIÓN

*Comando pim*

Los participantes se sientan en un semicírculo, frente a él se sitúa el director de juego (al principio la maestra). A cada consigna corresponde una acción, a saber: "Comando pim" (golpear con las palmas en el piso); "comando pam" (manos al frente); "comando pum" (golpear las manos sobre la cabeza); "comando pem" (golpear las manos atrás de la espalda); "comando pom" (golpear las manos a un costado del cuerpo), etcétera. De esta manera se pueden ir aumentando las consignas. Mientras da las órdenes, el director irá haciendo lo contrario. El que se equivoque tres veces, pagará una prenda.

*El cuento del tío*

Los participantes se sientan formando un círculo, en cuyo centro se sitúa el director del juego (mismo que se irá alternando). Éste comienza a narrar un cuento de un tío llamado "Leoncio" y, más adelante, preguntará a uno de los oyentes: "¿Cuál es el nombre del tío?" Los demás deberán contestar siempre con algún nombre que empiece con la misma letra, por ejemplo: "Luis", de tal manera que después se vaya cambiando el nombre del personaje, mientras continúa la narración. El que se equivoca paga una prenda.

*Aire, tierra, agua y fuego*

Los participantes se sientan formando un semicírculo y frente a ellos se coloca el director, quien tiene un objeto cualquiera (una bolsita de gimnasia, un silbato, un palito, etcétera). El juego comienza cuando el director arroja el objeto a uno de los participantes al tiempo que pronuncia el nombre de cualquiera de los elementos naturales, por ejemplo, se dice: "Aire"; quien lo recibe, debe contestar de inmediato mencionando una cosa que se encuentre en dicho elemento: nube, pájaro, avión, globo, golondrina, etcétera. Si dice: "Tierra"; el otro contesta: edificio, casa, árbol, planta, pasto, etcétera, y así sucesivamente con los restantes. Mas si alguien dice: "Fuego"; no se debe responder nada. El jugador que se equivoque o no siga las reglas, deberá pagar una prenda.

Variante: se puede realizar con otras palabras, pero la respuesta debe ir siempre relacionada a la primera; por ejemplo, si el director dice: "Montaña", el otro puede responder: alpinista, piedra, pasto, árbol, etcétera.

*Haz lo que digo y no lo que hago*

Los participantes se colocan en línea o en semicírculo, de tal forma que puedan ver perfectamente a quien dirige el juego, puesto que deberán hacer todo lo que éste diga, mas no lo que haga. Con el propósito de confundir a sus compañeros invertirá la consigna o incluso hará lo que dice. Ejemplo: "Levanten las manos" y él las baja; "manos a los hombros" y se toca los codos; "tóquense la oreja" y él se toca la propia, etcétera. El que se equivoque pagará prenda.

*Los estados de ánimo*

Todos los participantes, excepto uno, se sientan en círculo; el otro se aleja del lugar y espera a que lo llamen. Los demás deciden con qué estado de ánimo contestarán las preguntas que haga su compañero; con burla, con alegría, con tristeza, delicadamente, de mala gana, amistosamente, etcétera. Una vez que se han puesto de acuerdo llaman al otro y éste, por medio de preguntas, deberá reconocer el estado de ánimo de sus compañeros. Si acierta, se cambia de jugador.

*El zoológico*

Los jugadores se dividen en equipos y se colocan en distintos lugares del patio. Cada grupo nombrará a un representante que deberá pasar al frente a los otros para imitar a un animal determinado, elegido por el propio equipo. Los demás tratarán de adivinar de qué animal se trata. Cada grupo tiene tres oportunidades para hacerlo, en caso de no acertar, se marca un punto a favor del equipo imitador.

*Ni sí, ni no*

El maestro reparte a cada uno de los participantes 10 o 15 frijoles —de acuerdo con el tiempo que tengan para jugar— y les pide que hablen entre sí sobre un tema libre. Durante la conversación, todos los que hablen o pregunten no podrán decir en ningún momento las palabras

"Sí" y "No". Aquel jugador que responda con cualquiera de estas palabras, deberá pagar un frijol a quien le preguntó. Usar cualquier sonido o gesto equivalente a "sí" o "no", como por ejemplo, "ajá", o afirmar o negar con la cabeza, también cuesta un frijol. Al finalizar el tiempo del juego, se cuentan los frijoles que tiene cada uno y gana el que haya reunido el mayor número.

*La cosecha de cacahuates*

La maestra esconde cacahuates sin pelar en los escondrijos y rincones de aula y en todos los lugares donde se le ocurra. Se forman varios grupos y los jugadores tienen que hallarlos y depositarlos en un recipiente. Gana el equipo que reúna el mayor número de cacahuates.

*Identificación de retratos*

La maestra recorta diez retratos de personalidades conocidas por los niños (deportistas, actores, cantantes, políticos, etcétera), procurando que sean de los más populares, pero que, en determinado momento, sus fisonomías tengan algún detalle similar que los haga confundirse entre sí. Pega los recortes en el pizarrón o en una cartulina y los numera del 1 al 10. Divide al grupo en varios equipos y cada uno debe escribir en una hoja, al lado de cada número, el nombre del personaje respectivo. Gana el equipo que identifique mayor cantidad de nombres.

Este juego puede resultar más ameno si a los personajes se les modifica la fisonomía con algún pequeño detalle: un bigote, lentes, cejas más gruesas, barba, peluca, pelo largo, etcétera.

JUEGOS DE EXPRESIÓN ORAL Y APOYO A LA LECTURA

*El eco molesto*

La maestra elige una serie de palabras de difícil pronunciación y luego las dice al grupo para que las repitan juntos, por ejemplo: meteorológico, observatorio, estadística, localización, coordenadas, lógica, geometría, lingüística, etcétera.

Cuando los niños han comprendido el juego, se les pide que ellos mismos lo continúen. De acuerdo con la dificultad de la palabra, se puede pronunciar sílaba por sílaba o marcando la pronunciación para que se asimile mejor.

*Trabalenguas*

Didácticamente, resulta útil tenerlos escritos en grandes láminas, de forma que a la vez que los niños los repiten, puedan leerlos. Es importante que la maestra explique las palabras que no se entienden; posteriormente, se pueden ir leyendo, al principio muy despacio, después cada vez más rápido y, por último, modificando alternadamente la velocidad. Cuando los participantes conocen el trabalenguas de memoria, se les puede pedir que lo escriban en su cuaderno. Éstos son algunos ejemplos:

> *"El arzobispo de Constantinopla, se quiere desconstantinoplar, el que lo desconstantinoplare, bien desconstantinopladito, buen desconstantinoplador será."*

> *"Erre con erre guitarra*
> *erre con erre barril,*
> *¡qué rápido ruedan*
> *las ruedas del ferrocarril!"*

> *"No compre coco, compadre,*
> *porque el que mucho coco compra*
> *mucho coco come."*

> *"Compré pocas copas,*
> *pocas copas compré,*
> *y como compré pocas copas,*
> *pocas copas pagué."*

> *"Todo está contaminado*
> *¿Quién lo descontaminará?*
> *El descontaminador*
> *que lo descontamine*
> *buen descontaminador será."*

*Identificar oraciones absurdas*

Los niños se divierten mucho con este ejercicio y les agrada tratar de encontrar las equivocaciones; al principio, se pueden realizar con oraciones y, posteriormente, con párrafos que se cambian en ciertos momentos de un diálogo o narración, por ejemplo:

—Después de cortar el césped nos tiramos a nadar dentro para refrescarnos.

—Yendo al colegio me comí los dulces y la torta porque no tenía hambre.

—Me gusta dormir al mediodía porque no puedo dormir cuando hay mucha luz.

—Juan tenía 48 años y su padre 37.

—Ese día llovía y Guadalupe llevaba su paraguas cerrado para no mojarse, era muy cuidadosa siempre.

*Lectura de poemas, romances o canciones*

A los niños les gusta mucho este tipo de entretenimientos y ellos mismos pueden llevarlos de su casa. Practicar la lectura, además, permite normalizar la pronunciación y, a la vez, enriquecer el vocabulario del grupo.

Ejemplo:
*Cuando la rana quiere gozar,*
*viene la mosca y la hace gritar.*
*La mosca a la rana,*
*la rana en el agua se echa a nadar.*
*Cuando la mosca quiere gozar,*
*viene la araña y la hace gritar.*
*La araña a la mosca,*
*la mosca a la rana,*
*la rana en el agua se echa a nadar.*
*Cuando la araña quiere gozar,*
*viene la escoba y la hace gritar.*
*La escoba a la araña,*
*la araña a la mosca,*
*la mosca a la rana,*
*la rana en el agua se echa a nadar.*

*Cuando la escoba quiere gozar,*
*viene la lumbre y la hace gritar.*
*La lumbre a la escoba,*
*la escoba a la araña,*
*la araña a la mosca,*
*la mosca a la rana.*
*la rana en el agua se echa a nadar.*
*Cuando la lumbre quiere gozar,*
*viene el agua y la hace gritar.*
*El agua a la lumbre,*
*la lumbre a la escoba,*
*la escoba a la araña,*
*la araña a la mosca,*
*la mosca a la rana,*
*la rana en el agua se echa a nadar.*
*Cuando el agua quiere gozar,*
*viene la llave y la hace callar.*
*La llave al agua,*
*el agua a la lumbre,*
*la lumbre a la escoba,*
*la escoba a la araña,*
*la araña a la mosca,*
*la mosca a la rana,*
*la rana en el agua se echa a nadar.*
*Cuando la llave quiere gozar,*
*viene el plomero y la hace gritar.*
*El plomero a la llave,*
*la llave al agua,*
*el agua a la lumbre, etcétera.*

También resulta muy útil que una vez que lo han leído varias veces, lo copien a mano y analicen las palabras de difícil ortografía.

*El juego de los recortes*

Se pide a los alumnos que lleven revistas viejas y tijeras. Cada uno recorta las escenas que más le gustan y posteriormente crea un relato sobre dichas escenas. La asociación de personajes y la historia permiten desarrollar la imaginación y la capacidad de improvisación.

## ¿Qué improvisamos?

La maestra mete en un saco diversos objetos —preparados previamente— por ejemplo: unas llaves, platos, un sombrero, un despertador, una olla, un libro, unas pantunflas, una pipa, etcétera. Cada uno a su turno, los niños van pasando y con los ojos cerrados sacan un objeto de la bolsa. Posteriormente, tienen que improvisar una escena con dicho elemento, misma que puede ser individual o en equipos.

## Palabras al revés

La maestra explica al grupo que va a pronunciar una palabra cualquiera; adecuada al nivel de conocimientos de los alumnos, pero que se irá complicando en la medida que dominen el ejercicio. Los participantes deben repetir la palabra elegida por la maestra, pero con la condición de que la pronuncien *al revés*. Por la dificultad que representa, este ejercicio se vuelve muy divertido. La profesora, con reloj en mano, mide el tiempo que tarda cada jugador.

A continuación, se mencionan algunos ejemplos de palabras difíciles y su equivalente, *al revés*.

| | |
|---|---|
| Constantinopla | Alponitnatsnoc |
| Matemáticas | Sacitámetam |
| Enciclopedia | Aidepolcicne |

## Gestos no, palabras sí

Este juego se basa, principalmente, en la tendencia natural que tenemos de apoyar nuestras palabras con una serie de gestos. Por ejemplo, si le preguntamos a una persona dónde queda la calle "X", podemos observar que antes de explicarlo con palabras, o simultáneamente, la mano del interlocutor habrá trazado una serie de movimientos en el aire. Por lo que este juego consiste, precisamente, en no admitir ninguna clase de gestos. Es preciso explicar con palabras las cosas más absurdas que se le puedan ocurrir a la maestra. Igualmente, cada niño puede tratar de describir el lugar donde vive; cómo llega desde su casa a la escuela o explicar, por ejemplo, qué es una escalera de caracol, etcétera.

Éste es un juego sumamente divertido en donde se goza al observar los apuros lingüísticos de los improvisados oradores.

*Improvisar de la "A" a la "Z"*

La maestra escribe en papelitos —letra por letra— todo el alfabeto, con excepción de la K, la Ñ y la W, mismos que mete en una bolsa cualquiera. Uno por uno, los niños sacan los papelitos y dependiendo de la letra que les haya tocado, comenzarán a pronunciar palabras que lleven dicha letra como inicial. No se vale repetir vocablos.

## JUEGOS DE EXPRESIÓN GRÁFICA Y APOYO A LA ESCRITURA

*Hacer una historieta o comic*

Los alumnos recortan las ilustraciones y textos de los *comics*, y posteriormente hacen una nueva historieta, sin seguir la secuencia de la narración original. De acuerdo con su imaginación y creatividad, los niños escriben los diálogos de cada viñeta, en el tono que deseen: cómico, serio, absurdo, etcétera.

*La improvisación*

La maestra, o el grupo, inventan una frase cómica pero que resulte fuera de lo común, por ejemplo: "Abrí el armario de la recámara y me encontré con la triste cara de mi tía que es muy piadosa..."; "Hacía mucho calor, abrí el refrigerador y vi la cara peluda de mi perro...", etcétera. Posteriormente, los alumnos deberán construir un relato basado en esta frase. Este ejercicio se puede realizar también en pequeños grupos.

*Qué vi*

La maestra lleva a su grupo a otro salón; allí observan —durante un minuto— el trabajo que hagan en ese momento sus otros compañeros. Nuevamente en su salón, cada uno describirá por escrito, y lo más detalladamente posible, lo que observó en la otra clase.

*La dramatización*

El grupo realizará una dramatización de alguna escena de la vida cotidiana, por ejemplo: viajar en el metro, a la hora en que éste vaya repleto; echar porras a un equipo de futbol que primero vaya ganando y luego empieza a perder; hacer cola para comprar un helado, sabiendo que los esperan sus padres y llegarán tarde a casa, etcétera.

Posteriormente, se pide a los participantes que, de manera individual, escriban la sensación que les produjo el ejercicio.

*Completar el final*

La maestra relata al grupo el principio y desarrollo de una historia, misma que los niños deben continuar y finalizar por escrito. Por ejemplo: "Amanecía y los pescadores se preparaban para hacerse a la mar. En ese momento comenzó a llover. Los hombres muertos de frío y sin hablar, oían el fuerte golpeteo de las olas contra la lancha, cuyo oscuro casco rompía el agua. Muy lejos, en el gris horizonte, donde se unen el cielo y el mar, apareció un punto..."

*El muñeco que desaparece*

Se juega en parejas o en grupos pequeños. Se elige una palabra y se trazan en el pizarrón o en el papel, tantas "X" como letras tenga el vocablo, por ejemplo, la maestra escribe: XXXXX, es decir, el equivalente a las letras de "árbol". En la otra esquina del pizarrón o de la hoja se dibuja un muñeco.

El juego consiste en adivinar, letra por letra, la palabra que escribió el compañero; por cada acierto, se escribe delante de cada letra una X; pero por cada error, se van suprimiendo, con las cruces, una por una, las distintas partes del muñeco. Por cada letra de la palabra que se acierta se da un punto; quien acierte la palabra correcta recibe diez puntos y el derecho de escribir la siguiente. Aquellos jugadores que por sus errores pierden el muñeco, pierden el juego.

*El cartero*

Cada niño se coloca dentro de un aro de gimnasia, o un círculo pintado en el piso, y escribe el nombre de un país o ciudad del mundo (se pueden utilizar los temas que se están estudiando en clase). Otro participante —al principio la maestra— se coloca en el círculo central y escribe "cartero". En el momento en que éste dice: "Carta para México y Argentina"; estos jugadores deben salirse de su área y desplazarse uno al lugar del otro, sin que el cartero les gane su lugar.

El juego se vuelve más ágil si se dicen cuatro o cinco países al mismo tiempo. Toda vez que los demás jugadores se desplacen de una casilla a otra, el cartero tratará de ocupar los lugares que momentáneamente quedarán vacíos. Aquel que pierda su lugar pasa a ser cartero y se reinicia el juego.

*El juego de las vocales*

Los niños hacen una ronda y la maestra se coloca en el centro (posteriormente la reemplaza un niño); de común acuerdo escogen aquellas vocales que no podrán pronunciarse mientras se juega, por ejemplo, "A" y "O". Cuando estas vocales aparezcan en una palabra deberán ser sustituidas por ademanes: "En lugar de decir la 'A', tocarse la cabeza; en vez de pronunciar la 'O', señalarse la nariz." El que está en el centro dice una palabra, señala a uno de los niños de la rueda, éste debe repetirla, pero deletreándola y sustituyendo las vocales "prohibidas" por los gestos convenidos.

*Palabras para jugar*

Se juega en parejas, aunque posteriormente se puede ampliar el número de participantes. La maestra —antes de iniciar el juego— establece cuáles serán las reglas a las que tendrán que ajustarse los niños, en el caso de crear palabras nuevas.

Hay muchas variantes para este juego, por ejemplo: el primer niño piensa en una palabra cualquiera y escribe en el pizarrón sólo una letra; un segundo niño, basándose en ésta, imagina a su vez otra palabra y añade la siguiente letra. De esta manera continúan, alternadamente, hasta que aparezca una palabra que tenga o no sentido; con lo cual podrán ganar o perder, dependiendo de cómo se establezca el juego. También pierde aquel que no pueda completar una palabra con el número de letras ya colocadas.

*Pirámide de palabras*

A la señal de la maestra, los niños comienzan a llenar, horizontalmente, las casillas de la pirámide, con palabras que coincidan con el número de espacios. Los tres primeros jugadores que terminen la pirámide sin equivocarse, reciben una mención especial de la profesora. Cuando todo el grupo haya concluido, se puede pedir a cada uno que explique el significado de las palabras que escribió, lo que ayuda para ampliar el vocabulario de los compañeros.

### Juegos de asociación lógica y matemáticas

*Detengan al gato*

La maestra dibuja en el pizarrón un gato, listo para atacar, y un ratón, este último atado a cinco palos por sendas cuerdas. Igualmente, delante del gato, se dibujan cinco vallas que éste debe saltar para llegar al roedor. La maestra divide al grupo en dos: gatos y ratones. Cada uno a su turno, ambos grupos deben ir respondiendo todos los problemas aritméticos y geométricos que plantée la maestra, de acuerdo con lo que se esté viendo en clase. Cada vez que uno de los "ratones" conteste correctamente el problema, se borra una de las cuerdas; en cambio, cuando uno de los "gatos" acierta, se elimina una de las vallas. El objetivo del juego es claro: el ratón quiere huir; el gato desea atraparlo. El equipo que logre primero su objetivo gana.

A continuación, se mencionan algunos ejemplos de los problemas que se les pueden plantear a los alumnos:

—Escribir cuántas unidades, decenas y centenas, hay en un número determinado.

—Ordenar una serie de números, escribiéndolos de menor a mayor y viceversa.

—Buscar los números que faltan para completar ejercicios de este tipo:

$$13 + ? = 30$$
$$4 \times ? = 20$$
$$? - 3 = 12$$
$$40 - ? = 8$$
$$? \times 5 = 40$$

—Estimar cuánto pueden medir diferentes objetos, cuánto pesan, y calcular distintas superficies, por ejemplo, ambos equipos estiman la estatura de cada uno de sus miembros; las marcan en la pared y posteriormente las miden.

—Realizar inferencias (razonamientos que constan de dos frases articuladas), por ejemplo: "Si tenemos una figura de tres lados es. . ."; "Si es una superficie con cuatro lados iguales es. . ."

Otro tipo de problemas:

—Mi mamá compró dos bolsas de melones; cada una tenía 18 melones, ¿cuántos melones compró?

—Madre e hija venden manzanas. Diariamente la madre vende 3 y su hija 2, ¿cuántas manzanas venden al cabo de cuatro días?

—¿Cuánto cuestan 7 libros de 3.50 cada uno?

—Un señor compró 12 canicas para sus 4 hijos, ¿cuántas le tocan a cada niño?

—Cuatro niños van a jugar al campo y cada uno lleva 5 naranjas; para no perderlas las reúnen todas, ¿cuántas son? Después de jugar se las reparten, ¿cuántas le tocan a cada uno?

—Igualmente, este ejercicio se puede desarrollar para la resolución de problemas de gramática, geografía, historia, ciencias, etcétera.

*Estimar distancias*

Se divide al grupo en parejas, se separan un poco y mutuamente calculan la distancia a la que se encuentra uno del otro. Cada uno dice al compañero su estimación y, posteriormente, miden el número de pasos para saber quién acertó.

Variante: cada niño calcula a cuántos pasos de distancia encuentran los diferentes objetos que los rodean.

*El cuadro mágico*

El maestro forma varios grupos iguales y les plantea el siguiente problema: se dibuja un cuadro grande, que a su vez se divide en otros nueve cuadros más pequeños. Cada equipo debe anotar, en cada casillero, los números del 1 al 19, pero de tal manera, que al sumar horizontal, vertical o diagonalmente, cualquiera de las hileras, el resultado sea siempre 15.

Si después de un tiempo moderado, ninguno de los equipos ha encontrado la solución, el maestro debe decirles que el 5 debe colocarse en la casilla del centro, y que, por lo tanto, los números de las columnas que pasen por el centro deben sumar siempre 10, sin contar este 5. De esta forma, los grupos pueden ir encontrando la respuesta. Una vez solucionado el problema, levantan la mano para indicar al maestro que han terminado, sin que sus compañeros se enteren, con el fin de que todos lo resuelvan.

*Respuesta*

8/3/4
1/5/9
6/7/2

## Cinco en línea

La maestra separa al grupo en parejas y pide a cada una que dibuje un cuadro de regular tamaño, que se divide, a su vez, en cuatro cuadrados idénticos y cada uno de éstos se subdivide en otros cuatro más pequeños, es decir, un total de 16. Posteriormente se trazan 6 diagonales que pasen por el centro de todos los cuadrados.

Las reglas son las siguientes:

—Cada jugador debe contar con 5 fichas (botones o papelitos pintados) de distinto color, con el fin de diferenciarlas de las de su pareja.

—El jugador que inicie el juego coloca su primera ficha en el centro del cuadrado más grande.

—El segundo la pone en otro lugar distinto y así sucesivamente, de manera alternada, hasta que ambos han colocado todas sus fichas sobre el tablero.

—Las fichas se pueden mover libremente en todas direcciones y ocupar aquellos lugares que vayan quedando vacíos.

—No se puede saltar, en ningún caso, por encima de otra ficha, sea propia o contraria.

—Aquel jugador que logre colocar primero, en línea (vertical, horizontal o inclinada), las 5 fichas, es **el ganador**.

*Relevos de múltiplos*

Se divide el pizarrón en tantas columnas como equipos participen. El juego comienza cuando la maestra dice un número, por ejemplo: "5". En ese momento, el primer integrante de cada grupo corre al pizarrón, anota el número, vuelve a su lugar, entrega el gis al segundo y éste escribe:

5 x 0 = 0; entrega el gis a su compañero, quien a su vez, anota: 5 x 1 = 5, etcétera.

Variante: el mismo ejercicio se puede realizar con la división. La maestra indica la cifra en que habrán de dividir el número que ella les diga. En esta variante, cada alumno realiza sólo una parte de la operación y cede el turno al compañero, así sucesivamente hasta que pase todo el equipo.

*Carrera de operaciones*

En este juego se incluyen todas las operaciones, mismas que deben estar adecuadas a las posibilidades y conocimientos del grupo.

Se divide al grupo en equipos; el maestro anota en el pizarrón una cifra determinada para iniciar el juego. En ese momento, el primer jugador copia el número en una hoja, lo multiplica por la cifra indicada y la pasa al siguiente compañero, quien divide el resultado entre otro número ya acordado; el tercero recibe la hoja y suma otra cantidad a esta cifra; el cuarto le resta un número distinto, etcétera. Posteriormente, se revisan los resultados para comprobar los errores y aciertos. Este ejercicio se puede practicar con los diferentes problemas que se quieran trabajar.

## Juegos de aprendizaje y socialización

### Las cuatro esquinas

Se hacen equipos de cinco integrantes; cuatro de ellos se colocan formando un cuadro, uno en cada vértice. El quinto se sitúa en el centro, pendiente de los movimientos de sus compañeros.

El juego consiste en que los cuatro jugadores de las esquinas, aprovechando las distracciones del que está en el centro, tratan de intercambiarse el lugar, con el de la derecha o izquierda, pero nunca en diagonal. Por su parte, el niño del centro tratará de ocupar el sitio que deje vacío alguno de sus compañeros. Aquel que pierda su lugar en la esquina, pasa al centro. El tamaño del cuadrado se debe adecuar a la edad y fuerza de los participantes.

### La cola de la serpiente

Todos los jugadores tomados de las manos forman una larga hilera, cuanto más grande mejor. El primero es la cabeza de la serpiente y los tres o cuatro últimos forman la cola y son los que tienen la tarea más difícil. La cabeza echa a correr a toda velocidad haciendo espirales, ochos, curvas cerradas y cuanta figura se le ocurra. La serpiente debe seguir unida siempre y pierde el que se suelta y la rompe.

### Los hoyitos

Se cavan tres hoyos pequeños en la disposición que se quiera. El juego consiste en lanzar una canica desde cierta distancia, y luego impulsándola con los dedos índice y mayor, hacerla pasar de un hoyo a otro. Aquel jugador que consiga meter la suya en los tres hoyos consecutivamente es el ganador. Este ejercicio también se puede realizar en equipos de tres a seis participantes.

Variante: el mismo juego, sólo que los hoyitos se ponen en línea recta, de tal manera que la canica llegue hasta el tercer agujero de un solo impulso. Si una canica queda en el segundo, este jugador pierde.

*Dado*

El maestro elige a un jugador (también puede hacerse por sorteo). A la señal del profesor, éste empieza a perseguir a sus demás compañeros. Cuando consigue atrapar a uno grita: "Dado", queda libre y el otro se convierte en perseguidor. Así continúa el juego.

*Tiro al blanco con monedas*

Se dibuja en el suelo un "blanco" y los círculos se numeran desde el centro de la siguiente manera: 5, 4, 3, 2, 1. Desde una cierta distancia convenida, los jugadores lanzan o deslizan tres monedas, del mismo tamaño, cada uno.

Se suman los tantos obtenidos, según el número en donde hayan quedado las monedas. Gana aquel jugador que alcance primero la cifra estipulada por el maestro.

*El juego de los disparates*

Todo el grupo se sienta formando un círculo. El maestro abre el juego preguntando —cualquier cosa— al oído de uno de los jugadores, éste deberá responder también en secreto y, a su vez, tendrá que hacer una pregunta distinta al compañero de junto, el cual debe contestarle al oído. Así sucesivamente hasta que participen todos. Es importante que cada uno recuerde tanto la pregunta que le hicieron como la respuesta de su compañero.

Una vez que todos los jugadores hayan intervenido, cada uno dice lo que le preguntaron y lo que le respondieron. Como puede imaginarse, esto da lugar a los mayores disparates. Aquel que haya olvidado algo deberá pagar prenda o un castigo.

*Soplo y vivo te lo doy*

El grupo se sienta formando un círculo. El maestro enciende un cerillo, un pequeño cabo de vela o un cucurucho de papel y dice:

> "Soplo y vivo te lo doy;
> si muerto me lo das,
> tú pagarás."

El profesor sopla ligeramente la llama y la entrega al niño de su derecha, éste repite el verso, sopla y entra el cerillo al compañero de junto. Así sucesivamente hasta terminar. Aquel a quien se le apague la llama, paga prenda o recibe un castigo. Se prende otro cerillo y continúa el juego.

Como es lógico, todos desean pronunciar rápidamente el verso fatídico para evitar riesgos; pero quien se equivoca, pierde también. No se puede entregar la llama hasta no haber dicho completo el verso.

*Mi tía Cleta*

El maestro o director del juego dice al primero del círculo a su derecha:

—¿Conocías a mi tía Cleta?
—Nunca la vi —contesta el otro.
—Pues mi tía Cleta siempre estaba haciendo así (mueve la cabeza de una manera cómica o la mano).

En ese momento, el segundo niño tiene que repetir el movimiento y sin dejar de hacerlo, hace la misma pregunta y el de junto tiene que imitarlo. A pesar de haber pasado su turno, todos los participantes continúan moviendo aquella parte del cuerpo con la que se haya iniciado el juego.

En cada ronda se agrega un nuevo movimiento, sin dejar de hacer ninguno de los anteriores. Aquel jugador que se equivoca, al preguntar o imitar algún movimiento, paga prenda. El maestro puede realizar todos los movimientos que se le ocurran, tratando siempre de que sean cómicos y los niños tienen que imitarlo.

*Rueda de números*

Todos los niños forman una ronda y giran tomados de las manos, cantando alguna canción con mucho ritmo. Cuando la maestra dice un número, por ejemplo: "Cinco", se separan para formar rondas sólo de cinco integrantes.

Aquellos que no alcancen a entrar en los pequeños círculos se les descuenta un punto. A otra orden de la maestra se vuelve a reunir la ronda mayor y sigue girando y cantando. Cuando escuchen un nuevo número, todos se separan para hacer las rondas. También pierden puntos los que hacen círculos de un número distinto.

*El huevo en la cuchara*

Se organizan varios equipos de seis a ocho jugadores, todos ellos con capacidades semejantes. A una cierta distancia de la línea de salida, se colocan unas sillas o banderas. A la señal de la maestra, el primer jugador de cada equipo corre hacia las sillas llevando en la mano una cuchara sopera con un huevo cocido, tomate o papa. Al regresar, entrega la cuchara al segundo y así sucesivanente hasta terminar. Gana aquel equipo que termina primero y le entrega a la maestra la cuchara con el huevo.

JUEGOS DE CARRERA DE RELEVOS

*Relevos simples*

Este tipo de actividades genera demasiada alegría y es necesario tener mucha disciplina para poder controlar a los participantes. Se divide al grupo en varios equipos (un número ideal es cinco) que se sientan en fila, excepto el primer competidor. Se traza una línea de salida y otra de llegada en los dos extremos del campo de juegos. La distancia se define de acuerdo con la edad de los niños y con su capacidad física, pero hay que tomar en cuenta que deben realizar siempre cierto esfuerzo físico.

Siempre es recomendable que en este tipo de juegos, los alumnos se entreguen —durante la competencia— una estafeta (palito, bolsita). Al recibir la señal, sale corriendo el número uno de cada grupo y cuando vuelve, entrega la estafeta al siguiente compañero, quien debe correr a su vez. Así sucesivamente hasta que pasen todos. Gana el equipo que termina primero.

Algunas variantes de esta forma básica son las siguientes:

—Carrera de relevos con obstáculos: saltar aros, hacer equilibrio en un tronco, pasar en *slalom* entre una fila de banderines, de varias vueltas a una silla, etcétera.

—Carrera de relevos con destrezas: dar una maroma hacia el frente, pararse de manos contra la pared, rodar en una pendiente, etcétera.

—Carrera de relevos con paquetes: corre a la meta, hacer un paquete y regresar a entregarlo al compañero y éste lo tiene que desenvolver. También puede practicarse anudando y desanudando una pequeña cuerda.

—Carrera de relevos transportando algo: se puede transportar un objeto o, entre dos, a otro compañero.

—Carrera de relevos recreativa: los competidores tienen que hacer acciones cómicas.

*Carrera de relevos en círculo*

Cuatro equipos de igual número de integrantes forman una "X" dentro de un gran círculo. A la señal del maestro, el primero de cada grupo sale corriendo y rodea por entero el área donde se encuentran los demás; al llegar a su lugar, entrega la estafeta a su compañero y éste continúa la carrera. Así sucesivamente hasta que pasen todos. Gana el equipo cuyo último jugador llega primero al punto de partida.

*El relevo del túnel*

Se forman varios equipos de igual número y se sientan libremente en filas, en cuaquier parte del patio. A la señal del maestro, todas las hileras se ponen de pie y forman un túnel con las piernas abiertas. El primero de la fila atraviesa el túnel en cuadrupedia; al llegar al final se coloca nuevamente con las piernas abiertas y continúa su compañero. Así continúan los demás que todos recobran su lugar original y se sientan nuevamente en fila. Gana el equipo que realiza primero toda la acción.

*Carrera de relevos con obstáculos (el salto del burro)*

Los equipos se forman en hileras, dejando entre sí dos metros de distancia, aproximadamente. Los jugadores se colocan con el tronco inclinado al frente y las manos en las rodillas; el mentón debe tocar el pecho. A la señal del maestro, el último jugador salta a horcajadas sobre cada uno de sus compañeros y corre a colocarse al principio de la hilera en la misma posición que los otros. De esta manera continúa el juego hasta que salten todos. Gana el equipo que terminó primero y cumplió correctamente la acción.

Variante: con la misma formación anterior, pero colocados de pie en hilera; el último comienza a correr en *slalom* (zigzagueando) entre sus compañeros. Así hasta que pasan todos.

O bien, todos acostados en el piso boca abajo: el compañero salta con un pie o con ambos, sobre los demás jugadores, sin tocarlos.

*Relevos con pelota y pelota pesada*

Cada equipo con una pelota grande (si es rellena mejor); sentados en hilera con las piernas abiertas. A la señal de la maestra comienza a pasarse la pelota de adelante hacia atrás; el último corre al frente, se coloca primero en la formación y vuelve a enviar la bola. Así sucesivamente hasta que pasen todos. Gana el equipo que termine primero.

Variante: el mismo ejercicio pero al pasar la pelota se efectúa simultáneamente una torsión del cuerpo hacia la izquierda o derecha.

*Pelota por el túnel*

Varios equipos de igual número formados en hilera; de pie, con las piernas separadas. El primero de la fila arroja la pelota a través del túnel de piernas; al recibirla, el último corre y la vuelve a lanzar. De este modo continúa el juego hasta que pasen todos al frente.

**Variantes:** los jugadores en posición decúbito ventral, apoyando manos y pies en el suelo; el primero arroja rodando la pelota debajo del túnel que forman sus compañeros; al recibirla, el último corre y la vuelve a lanzar.

El mismo ejercicio con diferentes posiciones: boca arriba, de lado; sentados alternadamente en filas enfrentadas y con las piernas extendidas.

O bien: lanzar la pelota por el túnel y sentarse inmediatamente. El último corre hacia adelante pasando con las piernas separadas por arriba de sus compañeros. Envía nuevamente la pelota, cuando todos se han puesto de pie y continúa el juego de la misma forma.

*Relevos coordinados*

Los equipos sentados en hilera; un compañero, con una pelota pesada, al frente de cada fila a unos 2 o 3 metros de distancia. A la señal del maestro, el último de la hilera se pone de pie, recibe la pelota y la regresa al compañero de enfrente. Así, uno por uno, hasta llegar al primero, quien repite dos veces la acción y vuelve a sentarse, para que la reciba el de atrás nuevamente hasta completar la fila, de modo que todos vuelven a quedar sentados.

*Relevo de la multiplicación de los pies*

Se forman cuatro filas iguales, se colocan frente a frente a varios metros de distancia. A cada dos filas corresponde una letra "A" y "B", respectivamente. Al oír la señal del maestro, los primeros jugadores de la fila "A" salen corriendo hacia la "B" y sujetan a los dos primeros niños por detrás, tomándolos de la cintura. De esta manera forman un "hombre de cuatro pies", a su vez, la pareja regresa a la fila por otra y hace un "ser con ocho pies". Así sucesivamente, se multiplican los integrantes y los pies hasta conformar una sola fila, con los **miembros de ambos equipos**.

*Vestirse y desvestirse*

Se forman varios equipos iguales, se trazan dos líneas separadas, entre unos cinco y diez metros, en medio del campo de juego. Los grupos se colocan en línea uno frente al otro. Todos los equipos de una sola línea tienen una bolsa con prendas de ropa de una talla enorme. A la señal del maestro, el primer jugador de cada grupo, saca la ropa, se la pone y corre a entregar la bolsa al compañero de enfrente, quien la sostiene mientras el otro se quita la ropa para volverla a colocar dentro y correr a acomodarse al final de la fila. Uno por uno, todos los demás repiten la acción de su compañero. Gana el equipo que acaba antes.

## *Plantar y recoger las sandías*

Se forman varias hileras de igual cantidad de jugadores. Entre la línea de salida y la meta se colocan cinco arcos, con una bolsita o una pelota dentro. A la señal de la maestra, el primer integrante de cada equipo debe correr —pisando dentro de los arcos—, tomar las pelotas, tocar con el pie la meta y regresar a entregarlas al compañero que sigue; éste, a su vez, corre a colocar nuevamente las pelotas o bolsitas, toca la meta, regresa y vuelve a recogerlas y las entrega al que sigue. Así sucesivamente hasta que pasan todos.

## *La feria de los tenis*

Varios equipos, cada jugador se quita un tenis y lo coloca dentro de un aro, junto a la meta, a unos diez metros de la línea de salida. Posteriormente, todos los grupos se colocan en hilera y a la señal del maestro, el primero de cada fila corre de "cojito" hasta el aro de los tenis, se pone el suyo y regresa corriendo a colocarse en el último lugar de la hilera; inmediatamente, el que le sigue repite la acción.

# Juegos de tercer nivel: 10 a 12 años | 6

## Juegos de motricidad general

### El ratón agachado

Uno o varios de los jugadores son los "gatos"; los demás, "ratones". Los primeros quieren atrapar a los ratones, pero no pueden hacerlo cuando éstos se agachan. Cada vez que el felino se aleja, los roedores recuperan su posición y siguen corriendo. El ratón que es tocado antes de ponerse en cuclillas pasa a ser gato y viceversa.

### El lobo, el pastor y las ovejas

Varias hileras —con un máximo de diez alumnos— el "pastor", el más fuerte de cada fila, tiene tras de sí a un grupo de "ovejas" (tomadas de la cintura).
    El pastor, con los brazos bien abiertos, se enfrenta permanentemente al lobo para impedir que se aproxime a las ovejas, mismas que siguen los movimientos de su cuidador. Cada vez que el lobo intenta atrapar a una oveja —sólo puede capturar a la última de la fila— las demás corren serpenteando para salvar a su compañera. Si el lobo logra su objetivo, se convierte en oveja y, a

su vez, el pastor se vuelve lobo. El juego finaliza cuando cada integrante ha pasado por ambos papeles.

Variante: las ovejas que atrapa el lobo forman una hilera con él y le ayudan a cazar a las demás. Gana la hilera que tenga más niños, después de determinado tiempo.

*La abeja y sus crías*

Participa un número indeterminado (impar) de niños. Se designan dos animadores que escogerán de común acuerdo las pala-bras o frases que servirán de consignas, por ejemplo, "A mí me gustan las rosas para hacer miel"; "A mí me gustan los claveles para hacer miel", etcétera. Los demás niños se colocan en hilera.

Los dos animadores se toman de las manos, con los brazos extendidos, para formar un puente y dicen: "Que pase la abeja con sus abejitas y sus crías." La fila pasa por debajo del puente, pero el último queda prisionero entre los brazos de los dos animadores. Uno de éstos le dice en voz baja: "¿Para hacer la miel a ti te gustan las rosas o los claveles?" Según su respuesta, el prisionero pasará a formarse detrás del animador que corresponda, sujetándolo de la cintura. Así sucesivamente hasta que terminan de pasar todos. Una vez que se hayan formado las dos filas, con los animadores al frente y aún tomados de las manos, ambas hileras empiezan a tirar hacia su respectivo lado. Gana el equipo que logre arrastrar al otro hasta su campo.

*Águila o Sol*

Se divide al grupo en dos equipos de igual número; uno es "Águila" y el otro "Sol". Se trazan dos líneas paralelas, una a cada extremo del campo. Los niños deben alinearse a uno y otro lado; de espaldas a los contrarios. A la orden del maestro, realizan libremente, diferentes ejercicios gimnásticos: flexión de piernas, de brazos, abdominales, espinales, etcétera. El maestro arroja al aire una moneda y dependiendo de cómo caiga ésta, grita:

"Águila". En ese momento, los miembros de ese grupo deben perseguir a los contrarios. Los que son atrapados pasan a formar parte de los captores. Gana el equipo que al final tenga más miembros.

Variante: el mismo juego, pero los prisioneros deben llevar a sus captores a caballo hasta la línea central.

O bien: realizando ejercicios gimnásticos o caminando de diferentes maneras: cuadrupedia, tripedia, cojito; saltando con las dos piernas juntas, etcétera.

*Dos colas mejor que una*

Dos grupos de igual número; una fila de "zorros" y otra de "ardillas"; una frente a la otra. Cada jugador tiene una cola (una cinta, una cuerda, un pañuelo, etcétera) metida en la cintura; pero de tal manera que pueda arrancarse rápidamente; las dos hileras avanzan a un mismo tiempo, se acercan y se forman parejas de zorros y ardillas. A la señal del maestro, cada niño intenta agarrar la cola de su compañero contrario, cuidando de que no le agarren la propia. Quien pierde la cola, sale del campo. Cumplido cierto plazo, finaliza el juego. Gana el equipo que consigue arrancar más colas.

*Mancha en equipos*

Se divide el campo de juego en dos secciones iguales —puede utilizarse una cancha de basquetbol—; en cada una se coloca un equipo. Uno de los grupos se sitúa formando una línea paralela a la que marca la mitad del campo, de frente a sus compañeros; éstos se colocan dispersos en su área.

A la señal del maestro, el primer participante formado en la línea, corre al sector contrario, donde debe "manchar" a dos oponentes. Una vez logrado su objetivo debe regresar a su lugar y tocar la mano de su compañero, quien repetirá la acción. Así sucesivamente hasta que todos los integrantes del equipo hayan manchado a dos contrarios, cada uno.

Se marca el tiempo que tarda cada equipo en manchar al otro. Gana el que haya demorado menos.

*La evasión*

Se divide al grupo en varios equipos y se marca un espacio que representa la prisión. Frente a ésta, a un número indeterminado de metros, se encuentra la tierra libre y en medio de los dos territorios se colocan dos guardias.

Para escapar, los prisioneros deben saltar con los pies juntos, ya que se supone que tienen los tobillos esposados; los guardianes, por su parte, deben hacerlo de "cojito" (con una sola pierna).

A la señal del maestro, un grupo de prisioneros intenta salir; los guardianes los persiguen y si los capturan los regresan al calabozo; en tanto los que quedan libres, permanecen como observadores. Gana el equipo del que se hayan evadido más prisioneros.

*Pase en rueda*

Se forman varios equipos iguales y se colocan en círculos y en el centro de éstos se colocan los capitanes con una pelota grande. A la señal de la maestra, el capitán arroja la pelota a cualquiera de sus jugadores; éste la recibe, la pone en el suelo y corre alrededor del círculo. Cuando vuelve a su lugar se sienta y devuelve la pelota al capitán. Así sucesivamente hasta que todos queden sentados, entonces el capitán corre y entrega la pelota a la maestra.

### Juegos de percepción sensorio-motriz

*Encontrar al compañero*

Se divide al grupo en tríos, numerados del 1 al 13. Los jugadores comienzan a correr libremente por el patio. Cuando el maestro indique un número, por ejemplo, "tres", todos los que correspondan deben sentarse.

En ese momento, los dos restantes deben buscar a su compañero y sentarse junto a él, uno a cada lado. Pierde el grupo que tarda más en formarse. De esta manera continúa el juego alternando los números.

*El perro rengo y la perrera*

Se forman tríos que jugarán de manera independiente. Uno de ellos es el "perro rengo", que corre de cojito, sosteniéndose el otro pie pasando la mano por detrás; los dos restantes, la "perrera", quienes se toman de ambas manos para tratar de atrapar a su compañero. Los perseguidores deben capturar al perro pasando los brazos por arriba de su cabeza, a manera de aro. Después de un tiempo, intercambian papeles hasta que pasen todos.

*Cuidado con chocar*

Todos los niños del grupo se desplazan libremente por el patio. Cada vez que dos compañeros quedan frente a frente, a cierta distancia, deben correr a toda velocidad, como si fueran a chocar, y esquivarse en el último momento. A los que chocan se les marcan puntos en contra; se debe evitar toda brusquedad en el juego; se descalifica a los que no cumplan esta regla.

*Marcha a ciegas*

Cada jugador con algún elemento de gimnasia, por ejemplo, bolsitas, aros, pelotas, bastones u objetos de cualquier tipo. Cada quien los sitúa a una distancia que considere prudencial y desde donde esté colocado tiene que ir a buscar el objeto con los ojos cerrados, teniendo cuidado de los demás. A medida que se van sintiendo más seguros, deben ir ampliando la distancia.

*¿Cómo estoy?*

En pareja, a cada miembro corresponde una letra: "A" y "B", respectivamente. Uno de ellos adopta una posición cualquiera (cuadrupedia, tripedia, sentado con las piernas cruzadas, arrodillado, etcétera). Por su parte, "B", que tiene los ojos cerrados, debe descubrir, por medio del tacto, la posición en la que está su compañero y colocarse de la misma manera, manteniendo los ojos cerrados. Luego se rotan los papeles.

*La estatua ridícula*

Se dividen los alumnos en dos partes. El maestro hace dar varias vueltas, a la primera mitad, con los ojos cerrados. Al acabar de girar, éstos deben quedarse en su lugar, a la vez que hacen toda serie de muecas y gesticulaciones. Los demás observan a sus compañeros y deciden quién es el más ridículo de todos; en ese instante, las otras "estatuas" abren los ojos. Después intercambian papeles.

*La gallina ciega (clásica)*

Un niño con los ojos vendados trata de atrapar y reconocer a uno de los compañeros que lo rodean tomados de la mano. Los jugadores pueden dispersarse en torno a él y provocarlo; o bien quedarse en su sitio. Para dificultar que los reconozca la gallina, los demás pueden dar varias vueltas en silencio.

Variante: tras vendarle los ojos a la gallina ciega, los demás jugadores desarrollan la siguiente conversación:

- ¿Qué has perdido tú?
- Perdí a mi mujer
- ¿De día o de noche?
- De día
- Pues búscala de noche

Y le hacen dar varias vueltas para marearlo. Luego, la identificación puede realizarse mediante el tacto, por la voz, por la ropa, etcétera. Si la gallina ciega se equivoca todo comienza de nuevo; si no, el jugador que sea reconocido pasa a ser la gallina.

*Oír y señalar*

Un niño con los ojos vendados se mantiene a la expectativa, para tratar de oír el menor de los ruidos a su alrededor. Los demás se le acercan en silencio y lo más sigilosamente posible para tocarlo. El niño vendado dice: "Escucho pasos por ahí", señalando hacia el lugar. Si acierta, el niño señalado debe sentarse en el suelo. De esta manera continúa el juego; quien toque al niño vendado ocupa su lugar.

*La mosca ciega*

Todos los jugadores, excepto uno, llevan los ojos vendados; este último tiene un silbato. Cada vez que lo toque, los demás tratarán de atraparlo y el que lo logre pasará a ocupar su lugar. En caso de que el profesor decida interrumpir el juego, el que lo tenga en ese momento tiene el derecho de imponer una prenda o castigo gracioso a sus compañeros.

*El mosquito ciego*

Los niños se sientan formando una gran rueda; uno de los jugadores se coloca en el centro con los ojos vendados y llama a dos compañeros. Éstos deben intercambiar sus puestos sin salir del círculo y sin ser "picados" por el mosquito, con su mano y el índice. Si éste logra reconocer a uno de sus compañeros le cede el puesto; en caso contrario, el juego continúa del mismo modo.

*La señal*

La mitad del grupo se arrodilla y forma un círculo; a su vez, la otra parte se sitúa detrás de los primeros —a un metro de distancia— de modo que formen un segundo círculo; en el centro del mismo, se coloca un jugador, que va girando lentamente. A través de una señal, el niño del centro ordena a uno de sus compañeros para que salte o corra a tocarlo. Pero los compañeros de junto y los de atrás deberán impedírselo, tomándolo de la cintura. Entonces éste cambia de lugar con el de atrás; si logra llegar al que está en el centro ocupa su sitio.

## Juegos de estructuración del esquema corporal

### Los petrificadores

El maestro elige a los jugadores que corran más rápido y que sean más hábiles y les entrega una cinta o un emblema que los diferencie de los demás. Los primeros tienen el poder de "petrificar" a sus presas, en caso de que logren tocarlas; los otros pueden librarlos, pero tienen que evitar ser petrificados.

Este ejercicio se puede jugar de noche y en ese caso, puede utilizarse una linterna para petrificar a las "víctimas".

### Los mimos

Se trazan dos líneas paralelas, a menos de un metro de distancia entre cada una. Dos equipos —de igual número— se colocan frente a frente detrás de su línea respectiva. Los niños del grupo "A" son la imagen reflejada en el espejo de los del "B". Estos últimos deben actuar como "mimos", haciendo el mayor número de movimientos —cómicos o cotidianos— para que los otros los imiten. Posteriormente se elige a la pareja más creativa y que demuestra mayores habilidades para actuar. Después de un rato se cambian los jugadores.

### La ronda

Se forma una ronda doble: una es el modelo y la otra su espejo. Ambas giran mientras cantan una canción conocida por todos, por ejemplo, "El puente de Avignon", y a cada estrofa se detienen. Cada niño imita sólo al que tiene frente a sí y se puede representar a un caballero, una dama, un cocinero, etcétera. Posteriormente intercambian posiciones.

*¿Puedes hacer?*

En un principio el maestro es el encargado de hacer las preguntas a cada uno de los niños; luego se puede jugar en parejas, una vez que los alumnos entienden el sentido del juego. Las preguntas que hace el profesor son las siguientes: "¿A qué distancia de fulano debes estar para poder tocarlo con el brazo extendido?" El niño aludido debe colocarse físicamente, con los brazos a los costados y luego demostrar concretamente su cálculo.

Otras interrogantes: "¿A cuántos pasos estás de la pared? ¿Puedes alcanzar este bastón con las piernas y los brazos? Si estás acostado de espaldas, ¿puedes tocarte el hombro derecho con la mano izquierda? Estando en cuclillas, ¿cuántas posiciones diferentes puedes adoptar colocando una mano en el piso? ¿Cuántas más teniendo tres apoyos?", etcétera.

*El juego de las caras raras*

El maestro pide al grupo que realice las siguientes acciones: levantar las cejas, cerrar ligeramente los párpados; cerrar uno y otro ojo; guiñar los ojos; apretar los labios, sacar la lengua y hacerla girar de un lado a otro; formar un círculo con los labios, descender y elevar los labios; arrugar la nariz, inflar un carrillo; los dos, etcétera. Estimular a los niños para que hagan otros movimientos.

*Las posiciones difíciles*

El maestro pide que los niños realicen distintas pruebas, mismas que controla con reloj: permanecer quince segundos sobre la punta de los pies, con los ojos cerrados; tocarse la nariz con ambas manos —en un solo movimiento—, manteniendo los ojos cerrados; tocarse la oreja izquierda con la mano derecha; guardar el equilibrio con un solo pie, para ver quién dura más, etcétera.

*El mayor número de toques*

Todos los niños corren libremente por el patio y de acuerdo con las indicaciones del maestro, cada uno trata de palmear a sus compañeros en los lugares que éste indica: espalda, cabeza, rodilla, hombros, codo, oreja, etcétera.
 Variante: el mismo ejercicio con diferentes formas de carrera: sobre la punta de los pies; sobre los talones; saltando con dos pies; a la pata coja; tripedia y cuadrupedia, etcétera.

*Voltear el paquete*

En parejas: uno acostado boca abajo, con las piernas y brazos abiertos; el otro debe ponerlo de espaldas. Este ejercicio se tiene que realizar sin brusquedad; aunque el de abajo oponga resistencia. Después de un rato, intercambian posiciones.

*En parejas*

Se divide a todo el grupo en parejas; uno frente al otro, y cada quien trata de tocar con la mano los pies, las rodillas, las manos, del compañero y ambos tratan de evitarlo, procurando no golpearse con la cabeza.

*La posición inversa o el espejo invertido*

En pareja, se juega al espejo invertido, esto es: si "A" se sienta, "B" se pone de pie; si "A" se arrodilla, "B" se sienta; si "A" se toca la oreja derecha, "B" se debe de tocar la izquierda, etcétera. Posteriormente, intercambian papeles.

*Muñeco de goma*

Dos niños, de pie, con las piernas separadas, empujan a un compañero que se coloca totalmente rígido, en medio de ambos. Posteriormente, se puede ampliar el número de jugadores y se van rotando los que hacen de muñeco.

## Juegos de lateralidad

*A uno y a otro lado*

Se forman varios círculos —de 10 a 12 niños—, uno de ellos se coloca en el centro con una pelota (al principio el maestro). Éste lanza la bola con un tiro directo a un alumno dando a la vez, cualquiera de las siguientes indicaciones: "izquierda", "derecha", "arriba" o "abajo". Quien la recibe lo debe hacer normalmente, pero los niños de los costados levantan la mano que corresponda a la indicación del profesor; si éste dice "abajo" inmediatamente se ponen en cuclillas y si dice "arriba", se paran sobre la punta de los pies. Se suman los errores y se puede hacer pagar una prenda a quien sume mayor cantidad. Posteriormente se pueden ir incorporando consignas.

*Laberinto*

El grupo se distribuye en todo el patio, formando columnas y tomándose de las manos. Se designa a un perseguidor y un perseguido que estarán ubicados libremente. A una señal del maestro, se inicia la persecución, pero corriendo por los "pasillos" que se forman. Mientras tanto, el profesor puede ordenar que todo el grupo gire a cualquier lado; o bien, a 30, 60 o 90 grados, para dar distinta dirección a los pasillos.

*Carrera de cigüeñas*

Se forman varios equipos en hilera detrás de una línea de salida. Cada uno de los participantes levanta una pierna —todos la misma— de modo que el jugador de atrás la sostenga; este último carga con una mano la pierna del compañero y coloca la otra en el hombro del mismo. La carrera consiste en que todo el grupo salte y avance coordinadamente hacia la meta, sin soltarse y cumpliendo, a la vez, con las consignas del maestro. Si durante la carrera el profesor indica: "derecha", todos deben saltar con ese pie; lo mismo si ordena "izquierda", todos rápida y coordinadamente tienen que cambiar de pie y seguir corriendo; si dice "alto", todos guardan el equilibrio.

El equipo que no cumple alguna orden o no lo hace coordinadamente, debe regresar a la línea de salida e iniciar de nuevo la carrera.

*Carrera de langostas*

Misma posición que el ejercicio anterior; sólo que aquí, el grupo tiene que correr siguiendo una línea trazada previamente en el suelo.

*Suma de saltos*

Se forman varias parejas y a la señal del maestro, cada uno de los participantes deberá efectuar tres saltos de la siguiente forma: con los pies juntos, para caer de la misma manera; con los pies juntos, y caer con el izquierdo; con los pies juntos, y caer con el derecho. Justamente en ese sitio se coloca el segundo compañero y repite el orden de los saltos; de modo que se sumen las distancias alcanzadas por ambos. Posteriormente, el maestro va complicando las combinaciones.

*Luchando sentados*

Se forman parejas y se sientan con las piernas extendidas. A la señal de la maestra, cada jugador trata de voltear a su contrario con los pies, y sin apoyar las manos en el suelo.

*Combinación de saltos*

Se forman parejas; uno de ellos se sienta en el suelo con las piernas abiertas; el otro se coloca de pie frente a su compañero. El primero abre y cierra las piernas, sin tocar con ellas el suelo, y el otro debe saltar esquivándolas y adaptándose al ritmo de su pareja. Después de veinte repeticiones, intercambian lugares.

*Lucha entre tres*

En tríos, los dos compañeros externos toman con su mano izquierda una de las manos del que está en medio. Sin soltarse empiezan a girar en torno a este último y tratando de darse una nalgada.

*Saltando hasta el cielo*

Se dibuja un caracol en el piso, se le marca un centro, llamado "cielo" y catorce casilleros, numerados de adentro hacia afuera. Se puede jugar en parejas o en pequeños grupos. Mediante un sorteo se determina el orden de participación. Los jugadores deben saltar, de "cojito", de un casillero a otro, hasta llegar al cielo. Una vez aquí, pueden descansar un instante apoyando ambos pies, y regresar con el pie contrario hasta el lugar de salida. Durante el recorrido, los demás compañeros cuidan que no cometa faltas: pisar alguna raya; apoyar ambos pies, saltar más de un espacio; salirse del caracol; olvidar de cambiar de pie, antes de iniciar el regreso.

Aquel que logre terminar el recorrido, sin cometer ningún error, gana el derecho de "cerrar el casillero", es decir, puede colocar su nombre en el que él prefiera y de allí en adelante tiene autorización de apoyarse en ese lugar con ambos pies, cada vez que pasa por ahí. Los otros competidores, por lo tanto, ya no podrán tocar dicho casillero y tendrán que saltar directamente hasta el siguiente. Gana el que tenga más espacios con su nombre. El jugador que se equivoca debe esperar a que todos los demás pasen, antes de probar nuevamente.

## Juegos de ritmo, tiempo y espacio

### La cadena

Es un juego muy popular que entretiene mucho a los niños y especialmente a las niñas; cuantos más jugadores participen, resulta más espectacular. Se forman parejas y se colocan formando un círculo, sin tomarse de las manos, pero mirándose uno al otro. A la señal de la maestra, la rueda comienza a marchar, en su dirección respectiva, serpenteando —pasando una vez por fuera y otra por dentro— de manera que nadie frene o rompa la cadena.

Al principio, los jugadores pueden llevar las manos atrás, pero a medida que avanza el ejercicio, comienzan a darse las manos, de modo que en un movimiento se den la izquierda y en otro, la derecha.

Los jugadores que se equivocan van quedando fuera; el mínimo con que puede continuar el ejercicio es de tres.

### El corderito

Éste es un juego muy sencillo, de origen sudamericano y consiste en lo siguiente: los participantes —no demasiados— forman una rueda tomándose de las manos. En el centro se coloca uno, elegido por sorteo, es el "corderito", cuyo objetivo es escapar de ahí. Para impedirlo, sus compañeros nunca dejan de girar rápidamente.

*La carrera del mareado*

Se forman varios equipos de diez jugadores numerados. Frente a cada equipo, a unos 15 metros de distancia, se coloca una pelota grande o pesada (rellena de arena). A la señal del maestro, el número 1 de cada grupo corre hasta la pelota y apoyándose en ella con una mano, gira a su alrededor seis o siete veces (el número que se haya convenido; en la medida que los alumnos van obteniendo mayor equilibrio, deben aumentarse las vueltas), lo más rápido posible. Inmediatamente vuelve a su lugar para dar la salida a su compañero, quien repite el ejercicio. Gana el equipo que lo haga más rápido y correctamente.

*Arriba y abajo*

Misma disposición que en el ejercicio anterior, pero en vez de pelota se coloca un aro de gimnasia, aproximadamente a 20 metros. A la señal del maestro, el primero de cada equipo corre hasta el aro, lo toma, lo pasa desde su cabeza hasta sus pies y viceversa (se puede ir aumentando el número de veces), lo deja nuevamente en el suelo y regresa a su lugar. Gana el equipo que termina primero y lo realiza correctamente.

*Té, chocolate y café*

Se forman parejas. Ambos jugadores se colocan frente a frente, con las manos sobre las piernas. En esta posición inician el juego diciendo "té"; juntando las manos a la altura del pecho dicen "chocolate" y chocando sus palmas derechas entre sí, al frente, dicen "y café". Repiten las secuencias alternando a cada vuelta la palma izquierda y derecha. Cada vez con mayor rapidez, hasta que uno de los jugadores se equivoque.

*Las estatuas y el comprador*

Todos los jugadores forman una fila, uno al lado de otro, a excepción de dos de ellos, elegidos o sorteados por la maestra, quienes representarán respectivamente al "escultor" y al "comprador". El primero toma de la mano a uno de los compañeros de la fila y lo conduce a cierta distancia; allí lo hace girar intempestivamente y lo suelta. Éste trata de no caerse y adopta una postura, lo más estética posible, como si fuera una estatua. Así, en esa posición tiene que esperar a que el escultor convierta a todos los demás, según su gusto, habilidad, ingenio y equilibrio.

Una vez hechas todas las estatuas, entra el comprador, quien da un ligero golpe a la cabeza de la primera escultura, misma que empieza a moverse rítmicamente hasta que otro toque la inmoviliza. De esa manera recorre todo el taller junto al escultor. En determinado momento, puede pedir que se muevan todas al mismo tiempo. Cuando ha terminado de ver las creaciones, el comprador se lleva la que más le gusta y el juego comienza de nuevo.

### Juegos de atención, memoria y deducción

*Frío y caliente*

Un jugador, elegido por la maestra, sale del aula mientras los restantes deciden en secreto qué debe hacer éste cuando vuelva. Puede ser cualquier cosa: saludar de mano a un compañero; saludar ceremoniosamente a la maestra, etcétera. Cuando se pide al primero que regrese, los demás empiezan a decir "frío, frío, frío" y en la medida que se acerca al lugar acordado, el grupo dice "tibio, tibio" o "caliente, caliente", de tal forma que vayan orientándolo sobre la acción que debe efectuar; si se aleja o se equivoca, todos repiten "frío, frío". En el momento que el niño ejecuta lo esperado, el grupo entero exclama: "¡Te quemaste!" Se puede jugar asignando un tiempo determinado a cada jugador, mismo que el grupo acuerda.

*Veo verde*

Uno de los niños designado por la maestra, elige en secreto un objeto situado en el aula, patio o algún lugar cercano, que esté a la vista de todos; escribe en una hoja el nombre de dicho objetivo y lo entrega a la maestra. El primer jugador debe dar a los otros participantes ciertas claves —el color del que está pintado—, diciendo por ejemplo, "Veo verde". Uno por uno, los demás deben tratar de adivinar de qué objeto se trata.

*Responder y saltar*

Se hacen varios equipos y se forman en hilera, tomados de la cintura, detrás de una línea de salida. El maestro hace preguntas sobre algunos de los temas vistos en clase, sobre cualquier materia. El alumno que responde primero y correctamente, gana, para su grupo, el derecho de avanzar —de un salto conjunto— hacia la meta. El profesor hace una nueva pregunta y así sucesivamente hasta que el primer equipo cruce la meta.

Variante: se puede establecer una determinada cantidad de saltos, de acuerdo con el grado de dificultad de las preguntas.

### ¿De qué país se trata y cuál es su capital?

Los alumnos se dividen en varios equipos iguales. El maestro coloca un mapa grande, de cualquier continente, con división política pero sin nombres, y pide a cada niño que escriba el nombre de un país determinado y su capital correspondiente. Gana el grupo que tenga mayor número de aciertos. Más adelante, se puede agregar otro tipo de datos que hagan más complejo el ejercicio.

### Mirar y recordar

La maestra coloca sobre su escritorio una serie de objetos diversos, para que los alumnos se acerquen y los observen durante uno o dos minutos. Pasado este tiempo, la profesora cubre los objetos con un trapo y pide a los niños que regresen a su lugar y anoten en una hoja, la lista de las cosas que vieron. Al terminar, los participantes entregan su relación a la maestra. Gana el que haya anotado el mayor número de objetos. Más adelante, se pueden agregar cosas totalmente diferentes para hacer más complejo el ejercicio, de manera que no puedan asociarlas entre sí.

### El recorrido

Se forman varios equipos; el maestro asigna a cada uno, el nombre de un lugar conocido y frecuentado por todos (un cine, un supermercado, una iglesia, una plaza, una calle, etcétera). Cada equipo deberá escribir el camino para llegar —desde la escuela— al lugar indicado y describirlo con todo detalle.

*Recordar los objetos*

Se forman dos equipos de igual número —10 o más— y se sientan en hilera, frente a frente. El primer jugador del equipo "A", muestra, durante unos instantes marcados por el maestro, un objeto pequeño al equipo contrario. Así sucesivamente hasta completar la fila. Al terminar, y en orden, cada jugador del otro grupo va nombrando uno de los objetos mostrados por sus compañeros. Por cada acierto se otorga un punto. Más adelante, intercambian papeles.

Este ejercicio se puede hacer con prendas de vestir y con cualquier objeto pequeño que deseen los jugadores.

*Policías y ladrones*

La maestra divide al grupo en equipos de "policías" y "ladrones" y a cada uno de estos últimos le entrega 10 palillos de dientes. Pide a los policías que abandonen durante unos instantes el aula, mientras los ladrones esconden el "botín" —los palillos— en diferentes partes de su cuerpo (en el cabello, en la ropa, en los zapatos, en los adornos, etcétera) dejando siempre visible una punta de cada palillo. Cuando los policías regresan al salón, inspeccionan detenidamente a la fila de ladrones, pero sin tocarlos. En el momento que descubren algún palillo, lo retiran cuidadosamente sin tocar para nada a sus compañeros. Los policías disponen de cinco minutos para llevar a cabo su inspección y no pueden volver sobre sus pasos. Se gana un punto por cada palillo encontrado; y dos por cada uno que no haya sido descubierto. Vence el equipo que obtenga mayor puntuación.

*Dominó*

Existen muchas variantes de este juego, pero casi todas tienen la finalidad primordial de deshacerse de las propias fichas. Cada ficha tiene un determinado valor, de acuerdo con la cantidad de puntos grabados. Existen siete fichas llamadas mulas, es decir, en la mitad de cada una se representa el mismo valor. También se les denomina dobles y van desde la doble blanca hasta la doble de 6 que, asimismo, es el número mayor de cada mitad.

El procedimiento de este juego es sumamente conocido, por lo que hemos decidido obviarlo en este apartado. Cabe agregar, únicamente, que es un juego muy útil para el desarrollo de la inteligencia y el cálculo matemático mental.

*Damas*

Se juega entre dos personas, con un tablero y 24 fichas, divididas en 12 negras y 12 blancas. El tablero, al igual que el del ajedrez, está dividido en 64 cuadros, en ocho hileras de otros tantos cuadros alternados, cada una. El juego consiste en sacar primero que el contrario todas las fichas de éste, o bloquear sus tiros de tal forma que no pueda jugar. Todas las jugadas se hacen en diagonal, exclusivamente sobre los cuadros negros. Para sacar del juego una ficha contraria es preciso brincarla también en diagonal; en una sola jugada se pueden comer varias fichas; la que logre llegar hasta la última línea del enemigo se convierte en reina (dos fichas superpuestas) misma que puede desplazarse en cualquier dirección.

El juego continúa hasta que uno de los jugadores se "coma" todas las fichas del contrario o le impide todo movimiento; si éste es el caso de ambos, se convierte en empate.

*Valor del aprendizaje del ajedrez en la escuela*

Muchos países desarrollados implantaron la enseñanza sistemática del ajedrez en la escuela, por el valor formativo que este juego representó, particularmente, en los niños de primaria. La nación precursora fue la Unión Soviética; luego siguieron Alemania, Holanda y Dinamarca. En el caso de América: Brasil, Venezuela y Colombia; y como enseñanza optativa en Argentina y México.

El ajedrez es un juego que permite formar en los niños cualidades diversas, muy importantes para su desarrollo intelectual, así como diferentes capacidades para la vida diaria: percibir y anticipar un problema, antes de que éste se presente; reflexionar sobre el mismo para encontrar la solución adecuada; generar el espíritu de lucha, tenacidad y autonomía de pensamiento; dominar y controlar la conducta: no se actúa con la primera idea que se presenta, sino que se analizan antes sus pros y sus contras. Todo ello genera en el niño una cierta capacidad razonadora y desarrolla un alto nivel de concentración intelectual.

*Didáctica básica*

Para la presentación del juego se recomienda a la maestra realizar el relato de la leyenda del origen del ajedrez y, al mismo tiempo, cubrir los siguientes pasos metodológicos:
—Presentación de los dos bandos: blancos y negros
—Presentación de cada una de las piezas: rey, reina o dama, torre, alfil, caballo y peón
—Ubicación del tablero
—Finalidad del juego: capturar al Rey adversario y darle "jaque mate"

*Leyenda*

Según se cree, hace muchos miles de años, en el Oriente, existió un rey quien a pesar de su espíritu pacífico, se vio precisado a entrar en guerra. Mas tuvo la desdicha de perder a su hijo en una batalla. Oprimido por la desgracia, el rey se encerró en palacio. Todos los sabios y sacerdotes se reunieron para encontrar una solución. Pero pasaron los días y la pena del rey continuaba.

Un día, llegó un extranjero y dijo:

—Vengo de una lejana aldea de esta hermosa ciudad; me enteré de lo que sucede a vuestro rey y traigo un regalo que espero le ayude a alejar su dolor.

El extranjero mostró al soberano un gran tablero dividido en 64 cuadros pequeños y colocó sobre éstos, dos colecciones de diferentes piezas, cuyos movimientos se regían por determinadas reglas. Con enorme paciencia, el visitante enseñó al monarca y a sus cortesanos, la forma de jugar a las leyes esenciales del maravilloso pasatiempo. Gracias al entusiasmo de todos, en poco tiempo aprendieron, destacándose el rey como el más hábil. En una de las partidas, el monarca señaló que la posición lograda repetía exactamente la batalla en la que su hijo había perdido la vida. El forastero le demostró que para triunfar, debía sacrificar a uno de los visires; haciéndole comprender al soberano, de esta manera, que la muerte de su hijo había sido en beneficio del pueblo.

Impresionado el rey le dijo:

—Deseo ofrecerte una recompensa por este extraordinario obsequio que acabas de hacerme. Pídeme lo que quieras...

El extranjero se negó a recibir cualquier recompensa repetidamente, hasta que finalmente exclamó:

—Deseo que me recompenses con granos de trigo.

—¿Granos de trigo? —dijo el rey con asombro. ¿Cómo podré pagarte semejante servicio, con tan insignificante moneda?

—Es muy simple, su majestad. Deseo que me den los granos de la siguiente manera: un grano por la primera casilla: dos por la segunda; cuatro por la tercera; ocho por la cuarta y así sucesivamente hasta la última casilla.

Entre las risas de los presentes y la sorpresa del soberano éste dijo:

—Cumpliré mi palabra. Que se le pague de inmediato.

Cuando los matemáticos reales terminaron de hacer la suma de los granos solicitados el resultado fue el siguiente: 18 trillones, 446 744 billones, 073 709 millones 551 615.

De modo que para cumplir con la recompensa hacía falta sembrar toda la India, destruyendo para ello sus ciudades, durante un siglo para poder cumplir al pago.

Esta nueva demostración de ingenio del forastero, reafirmó en el rey el concepto que tenía del joven y lo nombró consejero del reino.

Una vez conocida la leyenda, el maestro explica detenidamente lo siguiente:

- Ubicación de las piezas en el tablero y desplazamiento de las mismas.
- Reglas elementales
- Valor funcional de las piezas
- Iniciación de una partida
- Términos ajedrecísticos básicos
- Reglas complementarias y demostración práctica
- Realización de partidas entre todo el grupo

Más adelante vendrá la etapa de perfeccionamiento.

JUEGOS DE EXPRESIÓN ORAL Y APOYO A LA LECTURA

*Buscando palabras raras*

Este juego se realiza en pequeños grupos y consiste en buscar las palabras más raras, por ejemplo, la que tenga más letras, la que en nuestro idioma use todas las vocales, la que tenga seis "áes", la que tenga como única vocal a la "u", etcétera.

*Relatar lo observado*

La maestra acuerda con el grupo el tema o la situación sobre la que los alumnos tendrán que hacer un relato. Dicha elección puede efectuarse en ese momento o bien se puede fijar incluso, un plazo de una semana para buscar un acontecimiento importante.

La tarea consiste en observar —durante un máximo de 15 minutos— a una persona inmensa en una situación importante o difícil. Misma que cada uno de los participantes relatará al grupo posteriormente, primero de manera oral y después escrita (para leerlo en voz alta a los compañeros).

Una vez que todos hayan realizado el ejercicio, la maestra hace una evaluación de la experiencia y de las diferencias entre el relato oral y el escrito. En ambos casos se pueden ir haciendo preguntas a los ponentes.

*Relatar la impresión artística*

La maestra mostrará al grupo alguna pintura o escultura de tema y autor indeterminados. O bien, hará a los alumnos escuchar en el salón una obra musical, adecuada para su edad, por ejemplo, *Pedro y el lobo*, de Prokofiev; la *Quinta Sinfonía*, de Beethoven; la *Marcha turca*, de Mozart, etcétera.

Posteriormente, cada niño transcribirá las sensaciones recibidas, tratando de hacer uso de todos sus sentidos para hacer la descripción. Por último, relatará la impresión efectiva que dicha observación le produjo.

*El juego de las preguntas*

La maestra acuerda con el grupo un tema de interés general (los deportes, la salud, el tiempo libre y la forma de ocuparlo, las buenas lecturas, la amistad, el valor de la familia, etcétera) sobre el que individualmente se formularán preguntas. Al iniciar el juego, uno por vez, hace una pregunta sobre dicho tema a cualquier compañero, misma que éste tendrá que responder. Así sucesivamente, hasta que todos participen. No se puede preguntar dos veces al mismo jugador. Cuando se hayan agotado las interrogantes o el límite de tiempo, se evalúa conjuntamente el resultado de las respuestas.

*Aumentar palabras*

La maestra pide a cualquier alumno que diga una frase, misma que repetirá el compañero de atrás aumentando, a su vez, una palabra. Ejemplo:

Niño A.- Tengo un perro
Niño B.- Tengo un perro negro
Niño C.- Tengo un perro negro y grande. . .

Variante: mismo ejercicio, sólo que en vez de añadir, se resta una palabra a cada ocasión, de una frase más larga.

*Cadena de asociaciones*

Los participantes se sientan formando una rueda y uno de ellos, designado por la maestra, recibe una pelotita de goma. Dice una palabra cualquiera, por ejemplo, "libro" e inmediatamente lanza la pelotita a otro jugador y éste debe añadir enseguida una palabra que se asocie a la anterior, por ejemplo, "de cuentos"; un tercero puede añadir "infantiles o de hadas", etcétera. Así sucesivamente. Quien no logre encontrar una palabra adecuada, queda eliminado o se le hace una prenda cuando sume tres errores. El juego sigue hasta que sólo quede una persona: el ganador.

*Cadena de refranes*

Misma disposición y procedimiento del ejercicio anterior, pero sólo que aquí, el primer jugador dice un refrán, por ejemplo, "en casa del herrero cuchillo de palo" e inmediatamente lanza la pelotita a otro niño, quien a su vez dice un nuevo refrán. Así sucesivamente, hasta que todos participen. Quien no logre encontrar un refrán adecuado tendrá que cumplir una pena.

Variante: mismo ejercicio, pero utilizando frases que rimen. Si alguien, por ejemplo, dice: "Calzones con botones", el segundo le contesta: "Te los quitas y te los pones", y a su vez el tercero añade: "Porque no tienes calzones", etcétera. Aquel que falle, deberá cumplir una pena.

*¿Cómo me llamo?*

La maestra escribe en varias tarjetas los nombres de personajes famosos. Después, las sujeta, con un alfiler, en la espalda de cada jugador, sin decirle a nadie qué nombre le ha tocado.

Para tratar de conocer su propia identidad, los niños caminan por el salón, dejando que los demás lean el nombre del personaje. Luego preguntan a sus compañeros: ¿Soy hombre? ¿Soy mujer? ¿Estoy vivo? ¿Soy mexicano? ¿Soy latinoamericano? ¿Nací en el siglo pasado? ¿Soy occidental? ¿Soy aviador? ¿Soy escritor?, etcétera. Los demás sólo pueden responder con un "sí o un no". De esta manera, cada uno va recopilando la información necesaria para adivinar su identidad.

Los que acierten pueden continuar en el juego, pero sólo respondiendo a las preguntas que les hagan los otros jugadores. Después de cierto tiempo o una vez que todos los jugadores hayan descubierto sus respectivas identidades, termina el juego.

*El juego de los sinónimos*

Todo el grupo se sienta formando una rueda. La maestra dispone de una bolsa, en cuyo interior ha colocado papelitos con las palabras más frecuentes utilizadas en clase. Asimismo, pide a cada jugador que saque una palabra al azar y que diga de inmediato, el mayor número de sinónimos que haya, para ello se van colocando los nombres y los respectivos puntajes en el pizarrón.

*La búsqueda del significado, su antónimo y sinónimo*

Mismo procedimiento anterior. Divididos en pequeños grupos, cada uno con varios diccionarios. Por turno, cada equipo saca un papelito pero sin ver la palabra con que la maestra dé la orden. La tarea consiste en buscar lo más rápidamente posible, el significado de dicho vocablo, su antónimo y su sinónimo. Gana el equipo que termine primero; se debe jugar por lo menos con cinco palabras.

Posteriormente, todos deben leer el grupo las palabras que encontraron. Los puntajes se colocan en el pizarrón, de acuerdo con los tiempos de los diferentes equipos.

Este ejercicio permite aumentar el vocabulario del grupo.

*Relevo de sinónimos*

Los equipos se colocan en hileras y cada jugador tiene que buscar el significado, sinónimo y antónimo de la palabra —decirlo o escribirlo— para que continúe el compañero de atrás. Así sucesivamente hasta finalizar. Gana el grupo que termina primero.

### JUEGOS DE EXPRESIÓN GRÁFICA Y APOYO A LA ESCRITURA

*El relato cambiado*

La maestra reparte a cada niño una hoja que tiene escritas cuatro frases. Los jugadores tendrán que alterar el orden de las mismas, de modo que resulten varias historias diferentes. Por ejemplo:
Versión original:

> Era una mañana de primavera
> y una niña jugaba en su cuarto.
> Jugó con un tren, con una pelota y con un rompecabezas.
> Pero pronto se aburría de todo.

Versión modificada:

> Una niña jugaba en su cuarto.
> Pero pronto se aburría de todo.
> Era una mañana de primavera, cuando la alegría regresó
> a su vida, porque jugó con un tren, con una pelota y con
> un rompecabezas.

Los jugadores reconstruirán el relato todas las veces que puedan, tratando de alterar el orden de las palabras y oraciones, y agregando la menor cantidad posible de vocablos; hay frases que pueden intercambiarse más fácilmente.

*Complementar el cuento*

La maestra dicta al grupo una cierta cantidad de oraciones, mismas que deberán completar los niños de acuerdo con su imaginación para completar un relato. Por ejemplo:
Maestra:
"En el huerto hay. . ."
"Para llegar. . ."
"Como. . ."
Niños:
"En el huerto hay manzanas, cocos, limones, bananos y todo tipo de frutas y además una casita muy bonita.
Para llegar hay que cruzar un pequeño arroyito, de aguas muy azules.
Como muchas veces está crecido, ya no se puede pasar por las piedras grandes que colocaron para pisar y no mojarse los pies. . ."

*Inicio y final del cuento*

La maestra y el grupo acuerdan el principio y el final de un relato. Cada uno de los participantes lo apunta y luego desarrolla un cuento que comience y termine de la forma prevista. Luego se leen todos los relatos. La extensión puede ser breve o larga, según se desee.

*La observación del compañero*

Se forman parejas. La maestra les indica que tienen dos minutos para observarse mutuamente. Más adelante, cada uno deberá describir la ropa, el peinado, los adornos, la mirada, los gestos y todas las características que perciban del compañero. Posteriormente, cada quien leerá al otro su lista para comprobar sus observaciones.

## *El ahorcado*

Se forman parejas, uno de ellos es "el verdugo"; piensa en una palabra de cinco o más letras y escribe en una hoja tantos guiones como letras tenga ésta (para la "Ch" y la "Ll", deben ponerse dos guiones). Abajo de los mismos, escribe todo el alfabeto.

Por su parte, el otro compañero, "el condenado", tratará de ir adivinando la palabra, diciendo una letra en cada oportunidad. Si acierta, el verdugo escribe la letra sobre el guión correspondiente (o sobre varios, si aparece más de una vez en la palabra) y la tacha del alfabeto, de modo que el condenado ya no vuelva a utilizarla. Cuando este último menciona una letra que no aparece en la palabra, su contrincante procede a preparar "la ejecución" del modelo siguiente; al primer error, el verdugo dibuja la base de la horca; al segundo, el poste; al tercero, el travesaño; al cuarto, la soga; al quinto, la cabeza; al sexto, el tronco; séptimo y octavo, los brazos; noveno, una pierna; décimo, la otra. Es decir, que el condenado tiene derecho a cometer hasta nueve errores; al décimo se consume el ahorcamiento.

## *Generar palabras*

La maestra escribe en el pizarrón varias palabras de tres letras. Mismas que los jugadores copian —una en cada línea— en su cuaderno. A la señal de la profesora, cada niño, basándose en la original, trata de escribir nuevas palabras, para lo cual puede agregar letras adelante o atrás de la primera.

Por ejemplo:
*Pan*. Panza, pantalón, sepan, pana, panadería, etcétera.
*Par*. Paradero, parada, parabien, paradoja, paraíso, separado, etcétera.

*Rompecabezas de ciudades*

La maestra divide al grupo en dos equipos y los coloca en dos lados opuestos del salón. Asimismo, le entrega al jefe de cada equipo una hoja en donde están anotados —con las letras en desorden— los nombres de diez o quince ciudades famosas de cualquier continente.

Por ejemplo:

Viotnomede = Montevideo
Sirpa = París
Neavi = Viena
Veanu Kroy = Nueva York

Los equipos tratarán de descifrar, de este modo, los nombres de las ciudades. Gana el equipo que termine primero. Este ejercicio se puede realizar con cualquier tema que se esté viendo en clase.

*Invención de palabras*

La maestra dicta a los jugadores una palabra de varias sílabas —es importante que el término incluya un mínimo de tres vocablos— que los niños escriben en la parte superior de una hoja. A la señal de la maestra, cada jugador escribe tantas palabras de tres letras como pueda o recuerde, pero utilizando solamente las tres que aparecen en la primera. Se otorga un máximo de cinco minutos y gana el niño que logre escribir más palabras.

*El verbo escondido*

La maestra pide a un alumno que abandone el aula un momento. Mientras tanto, los demás se ponen de acuerdo para elegir un yerbo cualquiera, por ejemplo, estornudar, escribir, besar, caminar, comer, etcétera. Cuando el niño regresa, pregunta a sus compañeros para adivinar la palabra, pero para ello, debe anteponer a cada interrogación, la palabra "cafetear". Por ejemplo, "¿Cafetear en la cancha de fútbol?", "¿Cafetear en la mañana temprano?" o "¿Cafetear en el cine?", etcétera. Los demás se limitarán a contestar con un "Sí" o un "No", según el caso. Cuando el que adivina cree que ha encontrado la respuesta la dice y si es correcta, debe salir el último compañero que respondió y se reinicia el juego. Si después de tres intentos no logra acertar, se le da la respuesta y se le pide una prenda.

*Gusto y disgusto*

La maestra entrega una hoja a cada jugador y les pide que anoten su nombre y una lista de cinco cosas que les gusten y cinco que les disgusten, de cualquier tema o aspecto: deportes, libros, cine, comida, escuela, etcétera. Posteriormente, reúne las diferentes respuestas y las lee, una por una, en voz alta, sin revelar el nombre de la persona. Los demás tratarán de adivinar de quién se trata, antes de que la profesora diga el nombre. La lectura continúa hasta que se han terminado todas las hojas.

Este juego resulta muy divertido y ayuda a los niños a conocerse mejor.

### Juegos de asociación lógica y matemáticas

*Futbol americano de conocimientos*

El maestro divide al grupo en dos equipos, cada uno de los cuales elige un nombre que los distinga. El ejercicio consiste en jugar un partido de futbol americano pero de conocimientos, para lo cual deberán dibujar una cancha con sus correspondientes divisiones de diez yardas y un balón en medio del campo.

El maestro dispone de una serie de tarjetas —preparadas con anterioridad— con problemas matemáticos, geométricos o de cualquier materia de temas tratados en clase. De acuerdo con su grado de dificultad, las tarjetas están clasificadas de la siguiente manera:

10 yardas; problemas sencillos
20 yardas; problemas de mediana dificultad
30 yardas; problemas muy complejos

El juego se inicia cuando el capitán de uno de los equipos, pide al maestro una pregunta de cualquiera de los tres tipos. A cada equipo se le conceden tres oportunidades seguidas para anotar gol, de acuerdo con la suma de los puntos avanzan con la pelota, el número de yardas ganadas. Por ejemplo, tres preguntas de 30 yardas, respondidas correctamente equivalen a un gol. Cada vez que uno de los equipos anote, el balón volverá a colocarse en la mitad de la cancha. Si después de tres oportunidades, uno de los equipos no acierta a todas las respuestas, avanza solamente las yardas que ha ganado y el balón pasa a manos del contrario. Gana el equipo que anote más tantos después de transcurrido el tiempo determinado, que puede ser de 60 minutos.

Ejemplos de preguntas de acuerdo con su grado de dificultad:

*De 10 yardas*

- Como ya saben que un metro se puede cambiar por 10 decímetros y un decímetro, hagan el cálculo de la estatura de Susana y Ricardo, en cada unidad de medida.
- Federico gastó $47.60 en el mandado y llevaba $63.00. ¿Cuánto dinero le quedó?

*De 20 yardas*

- ¿Cuánto es 3/4 de 30 canicas o bolitas?
- Se necesita podar 2/3 de 9 árboles de una cancha de futbol. ¿Cuántos árboles deben podarse?
- Calcular el área de diferentes figuras: triángulo, cuadrado, rectángulo, romboides, círculos, etcétera.

*De 30 yardas*

- Calcular el volumen y área de un objeto dado.
- Calcular el volumen de un cilindro y cono.
- Resolver problemas de multiplicación de fracciones, representando gráficamente sus resultados, etcétera.

*Los círculos mágicos*

La maestra divide al grupo en varios equipos y a cada uno le pide que dibuje en una hoja nueve círculos, dispuestos en hileras de tres. A continuación, indica que deben anotar en ellos los número pares que hay del 2 al 18 (2, 4, 6, 8, 10, 12, 14, 16, 18), pero de tal manera que, en cualquier dirección, cada hilera de tres círculos sume 30.

Si pasado determinado lapso, ninguno de los grupos encuentra la solución la profesora les indica que anoten el número 10 en el círculo central y les da más tiempo para que llenen el resto, hasta que el problema quede resuelto. La respuesta es:

```
16    6    8
 2   10   18
12   14    4
```

*El gomuku japonés*

Se juega en parejas, el maestro les indica que deben marcar en un papel cuadriculado 19 líneas verticales y 19 horizontales. A un jugador corresponden las cruces y al otro los círculos. Cada uno a su turno debe ir trazando la figura respectiva (cruz o círculo) en las intersecciones de las líneas, de modo que el ganador sea aquel que logre colocar cinco figuras iguales en línea recta.

*Llegar al fuerte*

Los alumnos dibujan un pequeño cuadrado (el fuerte) en el centro de una hoja, con una abertura en uno de sus lados (la entrada del fuerte). Luego, por toda la hoja, se anotan en forma dispersa, los números del 1 al 15, y a cada uno se le encierra en un círculo. Estas cifras representan los pueblos que serán atacados. El juego consiste en trazar una línea que vaya de cada pueblo, en orden númerico progresivo, a la puerta del fuerte, pero sin tocar nunca los caminos de los otros pueblos. Cada vez que un jugador cruza una línea, tiene un punto en contra.

*La docena*

Los alumnos dibujan en su cuaderno siete círculos en **la siguiente disposición:**

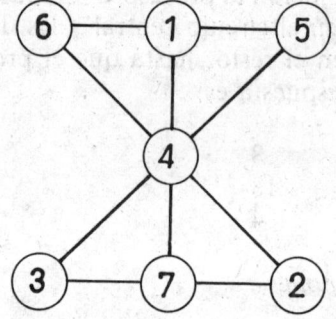

A la señal del maestro, deberán anotar, dentro de cada círculo, los números del 1 al 7, de tal manera que en cualquier dirección, sumen siempre 12. En ningún caso se puede repetir un número dentro de los círculos. Gana el que termina primero.

*Timbiriche*

Dada la enorme popularidad de este juego, obviaremos aquí el procedimiento y sus reglas. Pero la maestra puede utilizarlo también dentro de los que constituyen esta serie.

### Juegos de aprendizaje y socialización

*El juego de los sombreros*

El grupo se sienta en círculo y en el centro de éste se sitúa el profesor. Todos llevan puesto un sombrero de papel periódico. El juego consiste en hacer —con el sombrero— todo lo contrario de lo que haga el maestro (posteriormente ocupa su lugar un niño) con el suyo. Es decir, si éste se lo pone, los jugadores se lo quitan; si lo sostiene con la mano izquierda ellos lo toman con la derecha; si lo deja caer, los niños lo lanzan al aire, etcétera. El que se equivoque paga una prenda.

Lo entretenido de este ejercicio depende de la imaginación del director.

*El vendedor*

El "vendedor", al principio la maestra, ofrece su mercancía a todo el grupo que está sentado en círculo: "Compren señores, compren libros, vasos, carne, plantas, ropa, zapatos. Están de barata." Va diciendo mientras da vueltas; en un momento dado se detiene y pregunta a cualquiera de los jugadores.

- ¿Qué desea señora?
- Zapatos
- ¿Para qué? —dice el vendedor
- Para regalar
- ¿Y usted? —pregunta repentinamente a otro
- Cuadernos
- ¡Esa mercancía no la ofrecí! ¡Por lo tanto, debe pagar una prenda!

El juego continúa hasta que el vendedor haya preguntado a todos y puede —si lo desea— cambiar los artículos que ofrece. Por lo que los niños deben estar atentos para no equivocarse en su oportunidad.

*Adivinar el oficio*

Cada uno de los participantes escoge un oficio que le guste y lo dice a sus compañeros. La maestra hace un relato en el que nombra algún oficio que nadie haya escogido; repentinamente pide a cualquiera de los jugadores que continúe narrando y éste debe retomarlo con una palabra relacionada con el oficio que escogió.

Cualquier duda o retraso para tomar el hilo del relato; iniciar con una palabra que no tenga relación con el oficio elegido o la repetición de las palabras seleccionadas, constituye un castigo.

Ejemplo:

Carpintero: He trabajado todo el día y estoy dale que dale con el martillo, con la madera de aquí para allá... No he podido comer, por lo que voy a ir a la panadería, en donde se encuentra mi amigo Juan el panadero.

Panadero: Pan dulce es lo único que me queda, a esta hora ya vendí todo mi pan y sólo quedaron esos panes dulces que comprará Marta la cocinera.

Cocinera: Pan dulce es lo que necesito para mis clientes de esta tarde en la merienda...

De esta manera continúa el juego, hasta que todos hayan hecho su relato.

*No dejar caer el globo*

El grupo se sienta formando una o varias ruedas, bien apretadas. La maestra lanza al aire un globo, en medio de cada círculo, y soplándole, lo dirige hacia cualquiera de los niños. Éste, a su vez, debe soplar con todas sus fuerzas para mandarlo a otro compañero, o por lo menos dirigirlo a otra parte, puesto que quien deja caer el globo, o lo toque con cualquier parte del cuerpo, recibirá un castigo y paga una prenda.

Éste es un juego muy útil para la salud de los niños.

*El juego de la sorpresa*

Se forman parejas y a cada miembro —niña o niño— se le entrega una tarjeta en cuya parte superior deberá escribir su nombre. Al mismo tiempo, el niño escribe en su tarjeta una pregunta, misma que deberá responder la niña en la suya.

Una vez que todos han escrito sus preguntas y respuestas respectivas, la maestra recoge las tarjetas y las de los niños las pone en una bolsa y las de las niñas en otra.

Posteriormente, cada jugador saca una pregunta al azar y la pareja toma también una tarjeta de respuestas. Ambos —primero el niño— la leen en voz alta. Si la casualidad ha querido que salgan acordes no pagan prenda; pero si son incongruentes, la pareja debe cumplir un castigo conjunto.

El resultado por ejemplo puede ser el siguiente:

| Preguntas | Respuestas |
|---|---|
| ¿Te gustan los helados? | —Me gustan mucho los perros |
| ¿Te gusta estudiar? | —Cuando salgo con mis amigas |
| ¿Qué música te gusta? | —Me gustan las enchiladas suizas |

*La carrera de los globos*

La maestra forma filas de cinco a diez niños y a cada uno le da un globo desinflado. Posteriormente, deben inflarlos en sólo tres tiempos que serán marcados por la maestra, dejando una breve pausa entre un número y otro. Gana aquel que haya inflado el globo más grande.

Más adelante, se realiza un torneo con los ganadores de cada grupo.

*Los aguadores*

La maestra coloca un balde con agua y a cada uno de los jugadores le da un vaso y una cuchara. Es conveniente que para este juego los participantes se confeccionen un babero con una bolsa de plástico. A la señal de la maestra todos comienzan a llenar un vaso, ayudándose únicamente de la cuchara. Gana aquel que llene primero el vaso.

*La carrera de la manzana*

Se cuelgan de una cuerda tantas manzanas como jugadores participen. También se pueden formar varios grupos de cinco o seis niños. Cada jugador se sitúa, con las manos en la espalda, debajo de su manzana y a la señal del maestro empieza a comérsela. Gana el que termina primero.

Más adelante, se puede realizar un torneo con los ganadores de cada grupo.

*La fiesta de los juegos*

A cada niño se le entrega suficiente cantidad de papel periódico para que se confeccione un disfraz de acuerdo con su ingenio. Una vez que todos están disfrazados se realiza un concurso y se premia la originalidad y la imaginación del diseño.

Posteriormente, se organizan juegos como "la gallina ciega", "la carrera de la manzana", y todos aquellos juegos de prendas. Finalmente, se puede preparar una merienda para completar la tarde.

## JUEGOS PREDEPORTIVOS DE INICIACIÓN DEPORTIVA

*Blanco móvil*

Se delimita un campo de juego de amplitud variable, en ambos extremos se colocan dos arcos de gimnasia y dentro de ellos, un jugador de cada equipo, en el centro se sitúa una pelota. Desde allí, y por medio de pases, se inicia el juego. Los equipos tratarán de acercarse al jugador del aro contrario y golpearlo con la pelota, éste, por su parte, intentará esquivarla. Cada vez que aciertan obtienen un punto y el juego lo reinicia, de nuevo en el centro, el equipo al que le marcó el tanto. Después de cada acierto se cambia el jugador del arco.

Al principio se hacen los pases con la pelota; después pueden avanzar botándola. Paulatinamente el maestro enseña e incluye otras reglas: contacto personal, formas de lanzar, disputa por la pelota, marcar un área restrictiva al jugador del aro, etcétera.

*Carrera de pelotas*

Dos equipos de igual número, forman un círculo alternando a sus jugadores. Cada equipo tiene una pelota. A la señal del maestro, los participantes desplazan la pelota en el sentido que se indique, con pases sucesivos con la mano o con el pie, de acuerdo con las necesidades de ejercitación. Gana aquel grupo que realice más rápidamente, cinco vueltas con la pelota.

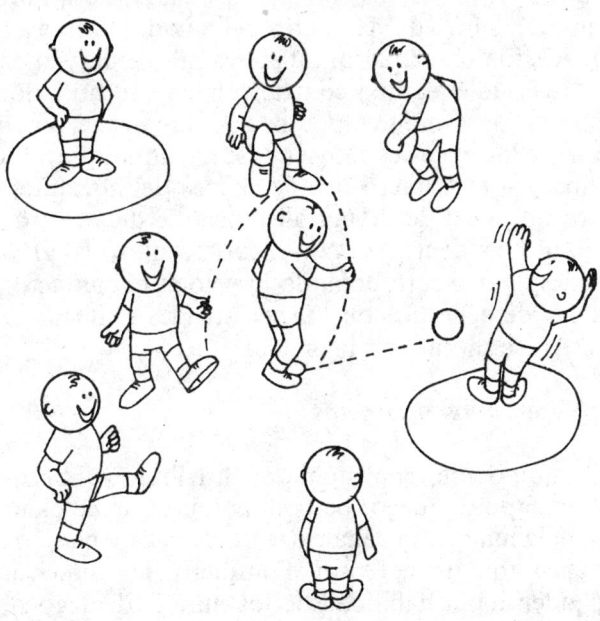

*Los diez pases*

Dos equipos de igual número de jugadores, distribuidos libremente por el campo. El equipo que lleva la pelota busca hacer diez pases sucesivos, sin que los contrarios la intercepten. Los pases pueden ser con la mano o con el pie. Si logran su objetivo obtienen un punto. En caso de que la pelota sea interceptada por los adversarios, antes del décimo pase, quedan anulados los realizados hasta ese momento. Gana el equipo que obtenga más puntos.

Nota: este juego es fundamentalmente de lanzamiento, por lo que queda excluido el *dribbling* y el desplazamiento llevando la pelota. Las reglas se adaptan al juego que se desee practicar: basquetbol, futbol, handbol, etcétera. y se modifican de acuerdo con la iniciativa del maestro.

*El aro móvil*

Se traza una cancha de amplitud variable, en ambos extremos se colocan dos compañeros cargando un aro de gimnasia, dentro de cierta área delimitada. Frente a cada aro, se sitúa un arquero, quien tratará de desviar todos los tiros que el equipo contrario haga con un balón de basquet. Al mismo tiempo, los que cargan el aro podrán esquivar los encestes moviéndose de un lado a otro de su área. Si el arquero invade el área del atacante, éste cobra un penal desde una distancia de diez metros.

Paulatinamente se van incorporando el *dribbling* o el desplazamiento botando la pelota, el contacto personal y de acuerdo con las necesidades e iniciativa del maestro se modifican las reglas.

*Futbol en dúos o tercetos*

Dos equipos de igual número, distribuidos libremente en el campo de juego, pero en parejas o tercetos tomados de la mano. En cada extremo de la cancha se marca un arco con un defensor o arquero, las dimensiones dependen de la habilidad de los niños. El juego se desarrolla igual que en el futbol, pero las cadenas de dúos o tercetos no pueden soltarse y deben tratar de meter gol en el arco contrario.

Paulatinamente se van incorporando las reglas.

*Futbol por zonas*

La cancha se divide en varios sectores; en cada zona se ubican dos jugadores de cada equipo y en las porterías, su respectivo arquero. Los jugadores no pueden salir de sus sectores y deben pasarse la pelota de zona en zona, tratando de meter gol desde la última. Los contrarios, por su parte, buscarán esquivar los tiros desde su lugar.

*Futbol sentados*

Se juega en una cancha de dimensiones y porterías más pequeñas. En general, se conservan las mismas reglas que en cualquier partido de balompié, con la salvedad de que los arqueros están hincados y todos los demás sentados.

*Basquetbol móvil*

En general, se conservan las mismas reglas que en cualquier partido de este deporte, con la salvedad de que la canasta —un cesto de papeles— es móvil, debido a que un jugador de cada equipo la carga de un lado a otro para esquivar los tiros.

*Basquetbol a caballo*

Dos equipos de igual número se distribuyen por parejas, pero montados a caballo. Sólo los jinetes pueden jugar con la pelota, misma que deben llevar *dribbleando*; los caballos, por su parte, trotan o corren de acuerdo con las necesidades. Las reglas se incorporan de acuerdo con la habilidad de los jugadores.

# La ludoteca en la comunidad y en la escuela | 7

Como hemos visto en los capítulos anteriores, el juego es una actividad formativa bio-psico-social, fundamental para el niño, tanto en la educación espontánea de la vida cotidiana, como en la educación formal. El juego en sí, es una función significativa de la infancia, la actividad en su propio fin, pero al mismo tiempo, siempre implica intencionalidad, misma que encontramos dentro del grupo espontáneo infantil de la comunidad como "juego libre", al que dentro de la escuela se le puede agregar un segundo sentido y manejarlo como "juego aprendizaje".

Los educadores y maestros, así como los orientadores comunitarios deben tratar de impulsar el juego, como una forma esencial de formar una niñez alegre y sana. El derecho al juego del niño está reconocido en el séptimo principio de la *Declaración de los derechos del niño*, adoptada por la Asamblea General de la ONU, el 30 de noviembre de 1959, y en la que se considera a la recreación de los pequeños, tan importante y fundamental como el derecho a la salud o a la educación.

Por lo que para toda pequeña comunidad, centro comunitario, dentro de una gran ciudad o para las mismas escuelas, resulta esencial generar espacios de juegos organizados que cuenten con juguetes, patio con diferentes aparatos, material gimnástico y lúdico de todo tipo. Una de las muchas razones del valor de constituir este tipo de centros infantiles de juego es la económica, debido a la crisis general que se vive actualmente en los países en vías de desarrollo, en donde las familias no tienen posibilidades económicas para implementar dichos lugares. Asimismo, cada día se acelera más la tendencia a vivir en grandes edificios de departamentos que reducen toda posibilidad de movimiento del niño, además de cortar las necesarias interrelaciones con los demás niños.

Este tipo de preocupaciones ha generado a nivel mundial la necesidad de encontrar soluciones comunitarias colectivas, en razón de que este tipo de problemas supera las antiguas soluciones familiares y se conforma como una problemática estatal y del sistema educativo.

Por otro lado, llamamos "ludoteca" al lugar físico, por lo común cubierto, en donde cualquier niño puede obtener juguetes prestados y utilizarlos para jugar con otros niños, así como la posibilidad de contar con un "orientador lúdico" o maestro de juegos, que asesore y/o organice el desarrollo de los mismos. Las ludotecas, por tanto, son instituciones cultu-recreativas que utilizan el juego y el juguete como medio educativo, que permiten desarrollar la personalidad del niño y que están orientadas especialmente hacia éste y al adolescente.

Los fines que se propone la ludoteca son:

- Ofrecer, en calidad de préstamo, los juguetes y juegos, de acuerdo con los deseos e intereses de los niños y los adolescentes.
- Posibilitar el juego con niños de etapas evolutivas similares y con orientadores preparados especialmente para dichas tareas.
- Educar a toda la familia y aumentar la comunicación de los hijos con los padres.
- Orientar educativamente a la sociedad, en relación con los juguetes y la compra adecuada de éstos.

- Realizar investigaciones sobre el juego y los juguetes; idear juegos y planificar programas infantiles de juegos, así como confeccionar juegos educativos y juguetes.
- Desarrollar actividades lúdicas comunitarias, escolares, familiares; colaborar en la planificación y la correcta utilización del tiempo libre de niños y adolescentes.
- Difundir las teorías científicas sobre la actividad lúdica a través de congresos, seminarios, conferencias y publicaciones.

Un ejemplo de organización de la ludoteca puede ser la desarrollada en Francia por el *Centro pedagógico del juguete*, en la ciudad de Lyon, institución que realizó una clasificación de edades y juguetes, de la siguiente forma:

*Edades: 3 a 5 años*

### Juguetes para interiores:

- Cubos y elementos para encajar y construir, de formas diversas y dimensiones variadas.
- Muñecas y vestidos.
- Cunas y camas para muñecas.
- Bañeras y accesorios para baño.
- Elementos de cocina y cubiertos de material resistente.
- Coches, camiones y móviles para jugar con la mano.
- Teléfonos.
- Juguetes desmontables.
- Instrumentos para jugar a diferentes profesiones.

### Juguetes para exteriores:

- Pelotas de diferentes tamaños.
- Bolas de 10 cm de diámetro.
- Juguetes para arena: baldes, palas, rastrillos, carritos.
- Objetos para arrastrar.

*Edades:* 5 a 7 años

**Juguetes para interiores:**

- Juguetes de construcción.
- Marionetas.
- Lotes de imágenes.
- Mosaicos.
- Bártulos de la casa de material resistente.
- Instrumentos de percusión.

**Juguetes para exteriores:**

- Pelotas.
- Cajas de herramientas que sirvan para trabajar en talleres de autos.
- Bolos.
- Casas desmontables.

Además de todos los juguetes del grupo anterior.

*Edades:* 7 a 9 años

**Juegos para interiores:**

- Juego de la oca.
- Dominó clásico.
- Juegos familiares.
- Juegos alfabéticos.
- Trenes mecánicos con desviaciones.
- Circuitos automovilísticos y accesorios.
- Futbolito, billar.

**Juegos para exteriores:**

- Bicicletas.
- Cuerdas para saltar.
- Bolos.
- Pelotas de diferentes deportes.
- Peonzas.

- Aros.
- Tiendas de campaña.
- Arcos y flechas.
- Herramientas de jardinero, albañil, carpintero, etcétera.
- Patines.
- Aros.
- Tiendas de campaña.
- Arcos y flechas.
- Herramientas de jardinero, albañil, carpintero, etcétera.
- Patines.

*Edades: 9 a 12 años*

**Juegos para interiores:**

- Maquetas.
- Muñecas y accesorios.
- Trenes eléctricos.
- Juegos sociales en los que intervengan la reflexión y el cálculo.
- Cajas de experimentos de química, física, etcétera.
- Lupas microscopio.
- Material coleccionable (sellos, estampillas, conchas, herbarios, animales, insectos, etcétera).

**Juegos para exteriores:**

- Ping-pong.
- Walkis-talkis.
- Bolas.
- Pelotas de todo tipo de deporte.
- Sogas.

Éste es un ejemplo de cómo organizar, con poco material, una excelente ludoteca que crezca paulatinamente.

Las normas que deben ser tratadas y definidas de acuerdo con las diferentes circunstancias son: horarios, cuotas de préstamo, duración del mismo, ficheros y estantería para localizar el material, preparación de los juguetes, transporte y control de éstos, etcétera.

## El patio de juego

Este lugar debe diseñarse de acuerdo con las características de los niños que lo van a usar. No sólo importa el aspecto estético, sino, fundamentalmente, tiene que ofrecer ciertas condiciones de seguridad y, ante todo, debe brindar al pequeño la oportunidad para desarrollar su fantasía e imaginación.

Asimismo, el patio de juegos constituye un factor estimulante para el desarrollo de la personalidad del niño; es también aquí donde tiene su origen la imitación y al formarse nuevos deseos en él y al hacer que los objetos jueguen roles diferentes: "Le permite ejercer la conducta imitada en situaciones siempre nuevas... en combinaciones indefinidas..., abriendo la era de la invención."[1]

Los objetos que rodean al niño son un punto importante en la diferenciación entre el "yo" y el mundo que lo rodea, especialmente en la etapa preescolar; éste es el valor del juguete y una vez dominando dichos objetos, el niño comienza a ejercer su dominio sobre ese mundo, lo que representa un factor de seguridad y autoafirmación.

Por último, diremos que el patio de juegos es, básicamente, un ámbito para las actividades espontáneas y de juego libre; el niño necesita libertad para jugar y expresarse. Esto no significa que la maestra deba desentenderse de él mientras el niño juega; por el contrario, la ayuda que brinda puede ser directa; sugiriendo, orientando, ordenando, cuidando, ayudando, durante el juego,

---

[1] Bergeron, M. *Psicología de la primera infancia.* Barcelona, Ed. Luis Miracle, S.A., 1967, p. 166

o indirecta: tomando medidas para que el niño se sienta tranquilo y tenga el espacio y el tiempo requeridos para jugar.

## Sugerencias para los orientadores de los juegos infantiles

Cuando se observa la conducta del grupo infantil en el patio de juego, resalta, de manera inmediata, que los aparatos que pueden ser considerados como de mayor riesgo, son los más utilizados y aprovechados por aquellos niños más activos y decididos.

Por tal razón, la orientadora lúdica puede, por un lado, estimular y colaborar con los más tímidos o con aquellos que tienen poca coordinación, quienes a fin de cuentas son los que más necesitan vivir y sentir que poseen ciertas habilidades en esos juegos. Para ello, es necesario recurrir a un trabajo progresivo en el movimiento y dominio del aparato, además de proporcionar un apoyo psicológico que brinde seguridad al niño.

El caso contrario se presenta, muy a menudo, con aquellos pequeños que son demasiado arriesgados y audaces, por lo que la maestra debe estar, igualmente, atenta para encauzar esa energía desbordante, orientar la conducta infantil hacia logros realmente importantes y enseñar al niño a cuidarse y visualizar el peligro.

La orientadora lúdica o la maestra, debe estar siempre atenta a los riesgos físicos que puedan surgir en el patio de juego. Asimismo, debe conocer las precauciones que los niños tienen que tomar en los diversos aparatos y ejercicios que realicen.

Un factor también muy importante, que se debe considerar durante la organización de los juegos, es el sentido del orden —para que cada quien aprenda a esperar su turno de participación—, aspecto sumamente difícil de entender, por parte de los niños, en razón del egocentrismo propio de ciertas edades. Un recurso adecuado en estos casos es —cuando la atención se centra en un juguete o juego determinado— derivar al niño hacia otro juego. Los pequeños siempre están dispuestos a considerar las sugerencias, e igualmente, a tomar en cuenta las razones que se les ofrecen, siempre y cuando no sean órdenes o imposiciones. A través del entendimiento, el niño se debe habituar, paulatinamente, a respetar el turno, a esperar y a no tratar de ganarle al compañero que también espera. En general, los niños están más dispuestos a la colaboración, que a la competencia desleal.

En lo que respecta a la planificación semanal, mensual y diaria de las actividades, la orientadora cumple un rol indispensable, lo mismo en cuanto al orden, como para equilibrar la intensidad de las actividades y las prioridades en el uso de los aparatos, Hetzar señala al respecto: (la maestra debe) "Ayudar a los niños para que encuentren el equilibrio justo entre libertad y control en el juego. . . demasiadas indicaciones, por bien intencionadas que sean, inhiben las manifestaciones de creatividad. . . pero si negamos nuestra ayuda por creer, equivocadamente que sólo la espontaneidad ha de ser la fuente de las actividades lúdicas carecerán de estímulos para jugar y desconocerán muchos juegos y la manera de comportarse en ellos."[2]

Por otra parte, en el juego se producen los primeros contactos sociales infantiles y extrafamiliares, estas relaciones tienen una importancia esencial para el desarrollo de la personalidad infantil, como bien lo expresa Decker: "En la educación pre-escolar de los niños de 4 a 6 años, el despertar de los sentidos y de la motricidad y, por consiguiente, en la educación de conductas motrices, ocupa un lugar central el enfrentamiento del niño a los contactos extrafamiliares y a la vida social y a la contribución al buen desarrollo del crecimiento son los objetivos base de esta educación."[3]

Para finalizar, diremos que cuando no existen centros de juegos o ludotecas, la forma más fácil de organizar un lugar de este tipo es a través de la colaboración de

---

[2] Hetzar, Hildegard. *El juego y los juguetes*. Buenos Aires, Ed. Kapelusz, 1978, p. 36

[3] Decker, Robert. *La educación física y psicomotora de los niños de 4 a 10 años*. Boletín FIEP. Volumen 48, No. 4. 1978.

las propias madres de familia, quienes a través de fiestas, kermeses y otras actividades pueden reunir el dinero necesario para comprar juguetes. De la misma forma, pueden organizarse entre sí, con el objeto de turnarse en distintos horarios para la atención y cuidado de los niños, generando así el surgimiento de una tarea educativa, cultural y social que brindará grandes beneficios al pueblo, colonia, unidad habitacional, escuela o comunidad.

En el juego infantil de hoy se forja el futuro ciudadano de mañana. Quien haya jugado correctamente en la infancia será, por tanto, una persona feliz, capaz de cooperar con las demás personas; cuando el niño juega, tiene una buena relación con la realidad, lo que constituye, al mismo tiempo, una introducción al mundo de las relaciones afectivas y sociales.

## *Declaración sobre el derecho del niño al juego de la Asociación internacional para el derecho del niño al juego*

Para finalizar este trabajo, consideramos de suma importancia presentar la declaración de la "Asociación internacional para el derecho del niño al juego" (IPA), organización interdisciplinaria no estatal, que posee estatutos consultivos con la UNICEF y la UNESCO y está reconocida por el Consejo Social y Económico de las Naciones Unidas (ECOSOE). Esta organización, como miembro de la ONU, está abierta a grupos, organizaciones o individuos que apoyen la declaración de la ONU sobre los derechos del niño que a continuación se adjunta.

IPA constantemente organiza conferencias mundiales, nacionales y regionales, lo mismo que seminarios, foros, talleres, coloquios, investigaciones, folletos y publicaciones sobre los diferentes aspectos del juego infantil. Esta institución ofrece sus consejos y asesoramiento a los gobiernos de los diferentes países y a la misma ONU, sobre los resultados y problemas de la implementación del derecho del niño al juego. Todos aquellos interesados en estos problemas y que deseen tener contacto con esta organización, pueden hacerlo a la siguiente dirección:

IPA Resources
12, Cherry Tree Drive
Sheffield, SII Gae, Uk.
Gran Bretaña

La declaración fue producida, en su origen, por la IPA en noviembre de 1977, en la consulta de Malta, realizada como preparación del Año Internacional del Niño, y posteriormente actualizada en Viena, en septiembre de 1982.

- Los niños son la base del mundo futuro. Los niños han jugado en todos los tiempos y en todas las culturas.
- El juego, como las necesidades de nutrición, la salud, la protección y la educación, es vital para desarrollar el potencial de todos los niños.
- El juego es instintivo, voluntario y espontáneo. Es natural y explorativo (exploratorio).
- El juego es comunicación y expresión, une el pensamiento y la acción. Da la satisfacción y el sentimiento.
- El juego toca todos los aspectos de la vida.
- El juego ayuda al desarrollo físico, mental, emocional y social de los niños.
- El juego es un medio de aprender a vivir, y no solamente de pasar el tiempo.
- IPA está profundamente afectada por un número de tendencias alarmantes y su impacto negativo sobre el desarrollo de los niños.
- Indiferencia de la sociedad con respecto a la importancia del juego.
- Sobrecarga de estudios escolares teóricos y académicos.
- Concepción inadecuada del medio ambiente (environment), como lo testimonian las formas de habitaciones inapropiadas y una mala distribución.
- Acrecentamiento de la explotación comercial de los niños a través de un cúmulo de comunicación y de producción, lo que significa un deterioro de los valores morales y de las tradiciones culturales.

- Preparación inadecuada de los niños para desenvolverse en una sociedad que cambia rápidamente.
- Aumento de la marginación de los niños, en la comunidad.
- Constante exposición de los niños a la guerra, la violencia y la destrucción.
- Acento demasiado importante, puesto sobre la competencia malsana de ganar a toda costa, en los deportes infantiles.

*Proposiciones para la acción*

Las proposiciones siguientes están registradas bajo los nombres de los organismos gubernamentales que tienen una parte de responsabilidad hacia los niños.

**Salud**

*El juego es esencial para la salud física y mental del niño.*

- Establecer programas para los profesionales y los padres a propósito de los beneficios del juego desde el nacimiento.
- Introducir el juego en los programas comunitarios designados, para mantener la salud del niño.
- Promover el juego como parte integrante del tratamiento de los niños en los hospitales e instituciones similares.

**Educación**

*El juego es una parte de la educación.*

- Se deben crear ocasiones para promover la iniciativa, la integración, la creatividad y socialización en los sistemas de educación.
- Introducir estudios sobre la importancia del juego en la instrucción de todos los profesionales o voluntarios que trabajan con o por los niños.

- Implicar a las escuelas, colegios y establecimientos públicos en la vida de la comunidad y permitir el mejor uso de estos establecimientos y sus recursos.

**Bienestar**

*El juego es esencial en la vida familiar y comunitaria.*

- Favorecer las medidas que reforzarán las relaciones padres-hijos.
- Asegurar que el juego sea aceptado como parte integrante del desarrollo y de preocupación social.
- Proveer a la comunidad de servicios donde tendrá su lugar y de integrar niños que tengan desequilibrios físicos, mentales o emocionales.

**Tiempo libre**

*El niño tiene necesidad de tiempo para jugar.*

- Preparar un tiempo adaptado, al espacio y los medios, para que los niños elijan y desarrollen los intereses individuales y los del grupo.
- Estimular a más personas provenientes de medios y edades diferentes para que estén más cercanas a los niños.
- Frenar la explotación comercial del juego y de los niños por una publicidad manipuladora. Frenar la producción y la venta de juguetes de guerra y juegos de violencia y destrucción.
- Promover el desarrollo de juegos cooperativos para todas las edades.

*Desarrollar el "flair play" de los niños en el deporte.*

- Asegurar buen material lúdico para todos los niños, particularmente el material especializado, por la investigación y la cooperación con las facilidades de la comunidad semejante a los grupos de juegos preescolares, *ludotecas* y otros.

**Planificación**

*Las necesidades del niño deben tener prioridad en la planificación de los arreglos humanos.*

- Al mismo tiempo que funja un nuevo plan o de una reorganización de los desarrollos existentes, remover la gran vulnerabilidad del niño, en cuanto al número y alcance limitado de la actividad.
- Prohibir la construcción de inmuebles de habitación demasiado altos y tomar medidas urgentes para disminuir los efectos perjudiciales del hábitat sobre los niños.
- Tomar medidas para permitir a los niños moverse sin peligro en la comunidad, proporcionando una mejor conducta de la circulación y en mejorar los transportes públicos.
- Permitir a los niños y jóvenes participar en las decisiones que conciernen a su entorno y sus inmediaciones.
- Reservar espacios apropiados para jugar tomando las disposiciones necesarias. IPA, está decidida a sostener la fuerza viva creada para el Año Internacional del Niño en 1979, de despertar la operación mundial para el mejoramiento de la vida de los niños.
- Afirma su fe en la declaración de las Naciones Unidas sobre los derechos del Niño, que en el artículo 7 establece que "el niño debe tener muchas ocasiones de jugar y de entretenerse, las cuales podrían estar regidas por los mismos fines que la educación; la sociedad y las autoridades públicas podrían tratar de favorecer el goce de este derecho".
- Reconocer que la total participación de la comunidad es esencial en los programas de desarrollo y los servicios para encontrar las necesidades, esperanzas y aspiraciones de los niños.
- Cree que sin preocuparse del talento, todos los niños podrían tener las mimas posibilidades de jugar.

- Asegura su cooperación con la ONU y otras organizaciones nacionales e internacionales implicadas con los niños.
- Hace un llamado a todos los países y todas las organizaciones para actuar y contrarrestar las tendencias e inquietudes que ponen en peligro el desarrollo de la salud del niño, y dar prioridad a los programas a largo plazo, encargados de garantizar para siempre:

"El derecho del niño a jugar."

Nota: este artículo fue transcrito de *El Boletín de la Dirección de Educación Física de la Provincia de Buenos Aires*. Año 1, No. 2, junio 88. Argentina, pp. 13-16.

# Bibliografía temática

*Psicología y pedagogía*

Aebli, Hans. *Una didáctica fundada en la psicología de Jean Piaget*. Buenos Aires, Kapelusz, 1958.
Alfieri, Ranzini, de León, Giardiello, Landucci, Strata. *Profesión Maestro*. Turin, Ed. Societa Editrice Internacionale, 1980.
Ajuriaguerra, J. *Manual de psiquiatría infantil*, Barcelona, Toray-Masson, 1980.
────────── Bresson, Fraisse *et al*. *Psicología y epistemología genéticas. Temas piagetanos*. Buenos Aires, Kapelusz, 1976.
Atkin, Lucille C. *et al. Paso a paso. Cómo evaluar el crecimiento y desarrollo de los niños*. México, Ed. Pax, 1987.
Aubin, Henry. *El dibujo del niño inadaptado —estructura—*. Barcelona, Laia, 1980.
Aubry, Jean Marie, Saint-Arnaud, Yves. *Dynamique des Groupes*. Paris, Editions Universitaires, 1980.
Ausubel, David. P. *Psicología educativa: un punto de vista cognoscitivo*. México, Trillas, 1976.
Bandet J. R. Zarazanas, M. Abbadie. *Hacia el aprendizaje de las matemáticas*. Argentina, Ed. Kapelusz, 1969.

Battro, Antonio M. *El pensamiento de Jean Piaget*. Buenos Aires, EMECE, 1969.

Bear, R. M. *Psicología evolutiva de Piaget*. Buenos Aires, Kapelusz, 1971.

Bergeron, Marcel. *Psicología de la primera infancia*. Barcelona, Luis Miracle, S.A, 1967.

Bianchi, Ariel. *Del aprendizaje a la creatividad*. Buenos Aires, Ed. Braga, 1990.

Bigge, M. y Hunt M. P. *Bases psicológicas de la educación,* México, Ed. Trillas, 1977.

_____ *Teoría de aprendizaje para maestros*. México, Ed. Trillas, 1976.

Bima, Hugo J. y Cristina Schiavoni. *El mito de la dislexia*. México, Ediciones Prisma, S. A.

Bion, W. R. *Aprendiendo de la experiencia*. Biblioteca de la Psicología Profunda. Buenos Aires, Ed. Paidós, 1975.

Bleger, José. *Psicología de la conducta*. Buenos Aires, Ed. Eudeba, 1963.

Braunstein, Pasternac y Benedito. *Psicología y ciencia*. Buenos Aires, Siglo XXI, 1975.

Brenda Arteaga Nivio y Margarita Bautista Beltrán. *Recuperación crítica del sujeto de aprendizaje en su situación escolar*. Tesis. 1993.

Bruner, Jerome. *Acción, pensamiento y lenguaje*. Madrid, Ed. Alianza, 1984.

_____ *El habla del niño*. Buenos Aires, Ed. Paidós, 1986. *Acción, Pensamiento y Lenguaje*. España, Alianza Editorial, 1984.

_____ *Investigaciones sobre el desarrollo cognitivo*. Ed. Pablo del Río, 1980.

_____ *Realidad mental y mundos posibles*. Barcelona, Ed. Gedisa, 1988.

Carmichael, L. *et al. Psicología de las edades de la vida fetal a la madurez*. Buenos Aires, Ed. Paidós, 1967.

Castro de Amato, Laura. *Centros de Interés renovados*. Argentina, Kapelusz, 1971.

Claude, Clanet, Colette Laterrase, Gerard Vergnaud. *Dossier, Piaget, Wallon*. Argentina, Ed. Granica, 1974.

Coll, César (COMPILADOR). *Psicología genética y aprendizajes escolares*. México, Siglo XXI Editores, 1983.

CONAFE. *Cómo aprendemos a leer y escribir*. México, Consejo Nacional de Fomento Educativo, 1985.

Corral Iñigo, A. *Capacidad mental y desarrollo*. España, Ed. Visor, 1993.

Cossettini, Olga. *El lenguaje y la lectura en primer grado*. Argentina, Eudeba, Editorial Universitaria de Buenos Aires, 1961.

Cousinet, Roger. *Un nuevo método de trabajo libre por grupos*. Buenos Aires, Editorial Losada, 1965.

Cueli, José, Lucy Reidi. *Teorías de la personalidad*. México, Ed. Trillas, 1981.

Chomsky, Noam, Jean Piaget. *Teorías del lenguaje. Teorías del aprendizaje*. Baracelona, Ed. Crítica, 1983.

Danoff, Judith, Vicki Breitbart, Elinor Barr. *Iniciativa con los niños*. México, Ed. Trillas, 1981.

Debesse, Maurice. *Psicología del niño desde el nacimiento hasta la adolescencia*. Biblioteca Nova de Educación. Buenos Aires, Ed. Nova, 1959.

Dehant, Andre, Arthur Gille. *El niño aprende a leer*. Argentina, Ed. Kapelusz, 1976.

Deval, Juan A. *El animismo y el pensamiento infantil*. Madrid, Siglo XXI, 1975.

_____ *Crecer y pensar*. Barcelona, Ed. Paidós, 1991.

_____ *El desarrollo humano*. Madrid, Ed. Siglo XXI, 1994.

Duran, Ma. del Socorro, Heinz Vogel. *Primera lectura*.
_____ *Ejercicios de lectura*. Libros mini Edu-ke.

D.E.P. *La enseñanza de la Lecto-Escritura en las escuelas primarias de la Cd. de Toluca*. Toluca, Ed. DEP, 1979.

Elliott, J. *La investigación-Acción en educación*. Madrid, Ed. Morata, 1990.

Ey, Hanry. *Tratado de psiquiatría*. Barcelona, Ed. Toray-Masson, 1975.

Erikson, Erik H. *Infancia y sociedad*. Argentina, Ediciones Hormé, 1978.

Ferreiro, Emilia, Margarita Gómez P. *Nuevas perspectivas sobre los procesos de lectura y escritura*. México, Siglo XXI, 1982.

Ferreiro, Emilia, Ana Teberosky. *Sistemas de Escritura en el desarrollo del Niño*. México, Siglo XXI, 1979.

Fetz, F. Kornell, E. *Tests deportivo-motores*. Buenos Aires, Ed. Kapelusz, 1966.

Flavell, John H. *El desarrollo cognitivo*. Madrid, Ed. Aprendizaje Visor, 1984.

Fraisse, P. y Piaget J. "Aprendizaje y memoria". *Tratado de Psicología Experimental* No. 4. Buenos Aires, Paidós, 1973. "La inteligencia". *Tratado de Psicología Experimental* No. 7 Buenos Aires, Paidós, 1973.

Freire, Paulo. *La educación como práctica de la libertad*. Buenos Aires, Ed. Kapelusz, 1978.

Furnes, Pauline. *Aprender actuando. Una guía para maestros*. México, Ed. Pax, 1987.

Furth, H. G. y Wachs, H. *La teoría de Piaget en la práctica*. Buenos Aires, Ed. Kapelusz, 1978.

Furth, H. G. *Las ideas de Piaget: su aplicación en el aula*. Buenos Aires, Ed. Kapelusz, 1971.

Gesell, Arnold y C. Amatruda. *Diagnóstico del desarrollo normal y anormal del niño*. Buenos Aires, Paidós, 1966.

Gimeno Sacristán, J. y Pérez Gómez, A. I. *Comprender y transformar la enseñanza*. Madrid, Ed. Morata, 1993.

Gimeno Sacristán, J. *"El currilum". Una reflexión sobre la práctica*. Madrid, Ed. Morata, 1991.

Gómez Germán, Rafael. *Teoría piagetana del aprendizaje*. Ediciones de la revista del Instituto de Investigaciones Educativas. Buenos Aires.

Gorman, M. Richard. *Introducción a Piaget*. Buenos Aires, Paidós, 1975.

Gratiot, Helene, Alphandery y René Zazzo. *Tratado de Psicología del niño*. Madrid, Ed. Morata, 1984.

Grimber, Jacobo y Zylberbaum. *Psicología del aprendizaje*. México, Ed. Trillas, 1976.

Guilford J. P. *et al. Creatividad y educación.* Buenos Aires, Paidós, 1978.

Hassenstein, Bernhard. *Biología del comportamiento infantil.* Siglo XXI.

Hendriz, C. *Cómo enseñar a leer por el método global.* Argentina, Ed. Kapelusz, 1975.

Hilgar, Ernest. R. y Bowuer, Gordon H. *Teorías de aprendizaje.* México, Ed. Trillas, 1975.

Inhelder, B. *Aprendizaje y estructuras del conocimiento.* Madrid, Ed. Morata, 1975.

Inhelder, Barbel y Piaget Jean. *El diagnóstico del razonamiento en los débiles mentales.* Barcelona, Nueva Tierra, 1971.

Inizan, Andre. *Cuándo enseñar a leer.* Madrid, Pablo del Rio Editor, 1976.

Jiménez, M. Jaime. *Método antidisléxico para el aprendizaje de la lecto-escritura.* Madrid, Imprenta Pablo López, 1979.

Jo Bush, Wilma y Marian Taylor Giles. *Cómo desarrollar las aptitudes psico-lingüísticas.* Barcelona, Ed. Fontanella, 1969.

Logan M. Lillian y Virgil G. Logan. *Estrategias para una enseñanza creativa.* Barcelona, Oikos Tau. S. A. Ediciones, 1980.

López Rafael, Ernesto y Maier Henry. *El niño y su inteligencia.* Caracas, Monte Ávila, Editores, 1973.

Lowenfeld, V. y Lambert Brittain, W. *Desarrollo de la capacidad creadora.* Buenos Aires, Ed. Kapelusz, 1984.

Marx Melvin, H. (dir). *Proceso de aprendizaje.* México, Trillas, 1976.

Mahieu, Roma. *Cómo aprender a escribir (prosa, poesía, teatro) jugando.* Madrid, Altalena Editores, 1981.

Meinel, Kurt. *El aprendizaje motriz.* Montevideo, Olimpia, 1974.

Mendoza, Vicente T. *Lírica infantil de México.* México, Fondo de Cultura Económica, 1984.

Moncada, Alberto. *El aburrimiento en la escuela.* España, Plaza & Janés Editores, 1985.

Moreno, Montserrat. *La pedagogía operativa*. Barcelona, Editorial Laia, 1983.

Oñativia, V. Óscar. *Método integral para la enseñanza de la lecto-escritura inicial*. Argentina, Ed. Humanitas, 1974.

Oñativia, V. Óscar, L. Yolanda B. de Baffa Trasci. *Método integral para el aprendizaje de la matemática inicial*. Argentina, Ed. Guadalupe, 1983.

Ostorrieth, P. *Psicología infantil de la "edad bebé" a la madurez infantil*. Madrid, Ed. Morata, 1974.

Oury, Fernand y Pain, Jacques. *Crónica de la escuela-cuarte*. Barcelona, Ed. Fontanella, 1975.

Palacios, Jesús *et al*. *Psicología evolutiva. Desarrollo cognitivo y social del niño*. España, Alianza Editorial, 1984.

Pavía, Víctor, Gerlero, J. y Apendino, Jorge. *Adolescencia, Grupo y tiempo libre*. Buenos Aires, Ed. Humanitas, 1992.

Perret, Clermont, Anne Nelly. *La construcción de la inteligencia en la interacción social*. Madrid, Aprendizaje Visor, 1984.

Perricón, Graciela *et al*. *El libro infantil —cuatro propuestas*. Argentina, Librería el Ateneo Editorial, 1983.

Piaget, Jean. *El derecho a la educación en el mundo actual*. Montevideo, Aula, 1971.

*El nacimiento de la inteligencia en el niño*. Madrid, Aguilar, 1969.

*Estudios sociológicos*. Barcelona, Editorial Ariel, Colección Demos, 1977.

*Estudios de psicología genética*. Buenos Aires, Nueva Visión, 1976.

*La construcción de lo real en el niño*. Buenos Aires, Nueva Visión, 1976.

*La epistemología del tiempo*. Buenos Aires, El Ateneo, 1971.

*La formación del símbolo en el niño*. México, Fondo de Cultura Económica, 1961.

*Lógica y conocimiento científico: naturaleza y métodos de la epistemología*. Buenos Aires, Ed. Proteo, 1970.

*Psicología de la inteligencia.* Buenos Aires, Psique, 1972.
*Psicología del niño.* Madrid, Ed. Morata, 1971.
*Seis estudios de psicología.* Barcelona, Seix Barral, 1969.
Piaget Jean y Heller J. *La autonomía en la escuela.* Buenos Aires, Ed. Losada, 1968.
Piaget, Jean y Wallon H. *Los estadios en la psicología del niño.* Buenos Aires, Lautaro, 1963.
Picard, M. *La elocución y el vocabulario en los primeros grados.* Argentina, Kapelusz, 1965.
De Quiroz, Julio y Matilde A. Della Cella. *La dislexia en la niñez.* Argentina, Ed. Paidós, 1971.
iviere, A. *Objetos con mente.* Madrid, Ed. Alianza, 1990.
Riviere, Angel. *La psicología de Vygotski.* Madrid, Ed. Visor, 1988.
Rogers, Colin y Kutnick, Peter. *Psicología social de la escuela primaria.* Buenos Aires, Ed. Paidós, 1992.
Rossel, Germaine. *Manual de educación psicomotriz: para niños de cinco a diez años de edad mental.* Barcelona, Toray-Masson, 1971.
Sefchovich, Galia y Waisburd, G. *Hacia una pedagogía de la creatividad.* México, Ed. Trillas, 1987.
Sánchez Hidalgo, Efraín. *Psicología educativa.* San Juan, Editorial Universitaria de la Universidad de Puerto Rico, 1955.
Siguan, Miguel (Coord.) *Actualidad de Lev S. Vigotski.* Barcelona, Ed. Anthropos, 1987.
Simpson Dorothy, M. *Aprendiendo a aprender.* México, Ed. Diana, 1976.
Sinclair De Zuart, Hermina. *Adquisición del lenguaje y desarrollo de la mente.* España, Ed. Oikos Tau, 1978.
Schaffer, H. Rudolph. *El mundo social del niño.* Madrid, Aprendizaje Visor, 1983.
Shulman, S. Lee, Evan R. Keislar. *Aprendizaje por descubrimiento.* México, Ed. Trillas, 1979.
Scwebel, Milton y Jane Raph. *Piaget en el aula.* Argentina, Ed. Huemul, 1981.

Stone, L. Joseph y Church Joseph. *La niñez y adolescencia: Psicología de la persona que crece.* Buenos Aires, Ediciones Hormé, S. A. 1967.
Surdi, Ana María. *Psicogénesis del conocimiento.* Ed. Braga, 1993.
Sue Jennings y Colaboradores. *Terapia Creativa.* Buenos Aires, Ed. Kapelusz, 1979.
Teevan, Richard S. y Birney Robert C. *Teorías sobre motivación del aprendizaje.* México, Ed. Trillas, 1972.
Valdés Marín, Rolando. *El desarrollo psicológico del niño.* Cuba, Ed. Científico-Tecnia, 1979.
Voizot, Bernard. *El desarrollo de la inteligencia en el niño.* México, Ed. Roca, 1985.
Wallon, H. *Del acto al pensamiento: ensayo de psicología comparada.* Buenos Aires, Psiqué, 1974.
*La evolución psicológica del niño.* Buenos Aires, Psiqué, 1972.
*Los orígenes del carácter en el niño.* Buenos Aires, Nueva Visión, 1975.
Wallon, H. y Lurat Liliane. *El dibujo del personaje por el niño: sus etapas y cambios.* Buenos Aires, Proteo, 1968.
Watson, E. Lowery. *Crecimiento y desarrollo del niño.* México, Trillas, 1976.
Wolff, G. *Trastornos psíquicos del niño: causas y tratamientos.* Madrid, Siglo XXI, 1970.
Zapata, Óscar. A. *Psicomotricidad, base de apoyo de los aprendizajes escolares.* Toluca, México, Dirección de Educación Pública del Gobierno del Estado de México, 1979.
_____ *Teorías del aprendizaje.* Buenos Aires, Centro de investigación y Documentación en Educación Física, 1974.

*Psicomotricidad y educación*

Berges, J. I. Lezine. *Test de imitación de gestos.* Barcelona, Ed. Toray Mason, 1975.

Bucher, H. *Trastornos psicomotores en el niño: práctica de la educación psicomotriz*. Barcelona, Ed. Toray-Masson, 1976.
*Estudio de la personalidad del niño a través de la exploración psicomotriz*. Barcelona, Ed. Toray-Masson, 1976.

Cassandra, E. y Rincón B. *La imagen corporal: su valor psicológico*. México, Pax México, 1971.

Compagnon, G. y Thomet M. *Educación del sentido rítmico*. Buenos Aires, Kapelusz, 1975.

Coste, Jean-Claude. *La psicomotricidad*. Buenos Aires, Ed. Hemul, 1978.

Denis, Daniel. *El cuerpo enseñado*. Barcelona, Paidós, 1980.

Dolto, Francoise. *La imagen inconsciente del cuerpo*. Buenos Aires, Ed. Paidós, 1986.

Fourestier, Max y Maurice Vander. *Régimen de equilibrio entre las actividades intelectuales y físicas*. Folleto editado por la División de Difusión e Información de la Dirección General de Educación Física. Buenos Aires.

Gazzano, Ela. *Educación psicomotriz*. España, Ed. Cincel, 1984.

Gómez, Jorge. *La educación física en el nivel primario*. Buenos Aires, Ed. Stadium, 1987.

González, Sarmiento Luciano. *Psicomotricidad profunda*. España, Ed. Miñón, 1982.

Hidalgo Guzmán, Juan Luis. *Aprendizaje operatorio*. México, Ed. Casa de la Cultura del Maestro Mexicano, A. C., 1992.

_____ *Investigación educativa. Una estrategia constructivista*. México, Paradigmas Ediciones, 1992.

Jam, Rene. *Apreciación del nivel motor de niños de 5 a 11 años*. Stadium, números 43 y 44, año 8. 1974.

Kourilsky, Henri Hecan, Pierre Grapin, Andre Martinet. *Mano derecha y mano izquierda*. Buenos Aires, Ed. Proteo, 1971.

Larange, G. *Educación psicomotriz —guía práctica para niños de 4 a 14 años.* Barcelona, Ed. Fontanella, 1978.

Lapierre, Andre y Bernard Aucouturier. *Simbología del movimiento: psicomotricidad y educación.* Barcelona, Ed. Científico-Médica, 1977.

Le Boulch, Jean. *La educación por el movimiento en la edad escolar.* Buenos Aires, Paidós, 1969.

_____ *La educación psicomotriz en la escuela primaria.* Argentina, Paidós, 1986.

Lourdes, J. *Educación psicomotriz y actividades físicas.* Barcelona, Ed. Científico-Médica, 1973.

Molina De Costallat, Dalila. *Psicomotricidad: la coordinación visomotora y dinámica manual del niño infradotado.* Buenos Aires, Losada, 1969.

Shilder, Paul. *Imagen y apariencia del cuerpo humano.* Buenos Aires, Paidós.

Vayer, Pierre. *El diálogo corporal. Educación psicomotriz.* Barcelona Ed. Científico-Médica, 1973.

*Educación psicomotriz: el niño frente al mundo.* Barcelona, Ed. Científico-Médica, 1973.

Vayer, Pierre y Pico Luis. *Educación psicomotriz y retraso mental.* Barcelona, Ed. Científico-Médica, 1969.

Wittrock, Merlin. *La investigación de la enseñanza.* Tomo I, II y III. Buenos Aires, Ed. Paidós, 1990

Wickstrom, Ralph. *Patrones motores básicos.* Madrid, Ed. Alianza, 1990

Zapata, Óscar A. *La educación del movimiento.* Gobierno del Estado de México. 1980.

*Psicomotricidad, base de apoyo de los aprendizajes escolares.* 2a. edición. D.E.P. del Edo. de México. 1979.

*El movimiento y su influencia en el desarrollo de la personalidad del niño.* Estafeta números 7 y 8. México. 1977-1978.

*La psicomotricidad y el niño.* México, Ed. Trillas, 1991.

*Psicopedagogía de la educación motriz en la adolescencia.* México, Ed. Trillas, 6ta. Edición, 1993.

Zapata, Óscar y Aquino F. *Psicopedagogía de la motricidad*. México, Trillas, 1979.

*Juego, teoría y práctica de los juegos infantiles*

Aberastuy, Armida. *El niño y sus juegos*. Buenos Aires, Paidós, 1968.
Axeline, Virginia M. *Terapia del juego*. México, Ed. Diana, 1968.
Aymerich, Carmen y María Montserrat Busqué. *Expresión y arte en la escuela. III: la expresión musical. La expresión musical como auxiliar didáctico*. Barcelona, Ed. Teide, 1981.
Bally, Gustav. *El juego como expresión de libertad*. México, Fondo de Cultura Económica, 1958.
Bandet, J. Abbadieu. *Cómo enseñar a través del juego*. Barcelona, Ed. Fontanella, 1975.
Bauzer, Medeiros Ethel. *Juegos de recreación*. Buenos Aires, Ed. Ruy Díaz, 1961.
Beniers, Elizabeth. *El juego del preescolar*. México, Ed. Trillas, 1986.
Castellanos, Marie C. *El juego en la Educación y en la terapéutica de subnormales*. México, Ed. La Prensa, Médica Mexicana, 1973.
CONAFE. *Aprender jugando*. México, Consejo Nacional de Fomento Educativo, 1984.
Cratty, Bryant. *Desarrollo intelectual. Juegos activos que los fomentan*. México, Ed. Pax, 1984.
Cratty, Bryant. *Juegos didácticos activos*. México, Ed. Pax, 1981.
*Juegos escolares que desarrollan la conducta*. México, Ed. Pax, 1974.
Chanan, Gabriel y Hazel Francis. *Juegos y juguetes de los niños del mundo*. Serbal UNESCO, 1984.
Chateau, Jean. *Psicología de los juegos infantiles*. Buenos Aires, Ed. Kapelusz, 1971.
Díaz, Roig y Ma. Teresa Miaja. *Naranja dulce, limón partido. Antología de la lírica infantil mexicana*. México, El Colegio de México, 1982.

EDUCACIÓN HOY. Perspectivas latinoamericanas. *Los juegos de aprendizaje.* Año IV. Enero-Febrero 1976. Número 31.

Fingerman, Gregorio. *El juego y sus proyecciones sociales.* Buenos Aires, Ed. Ateneo, 1970.

Flosdorf, Reider. *Deportes y juegos en grupos.* Buenos Aires, Kapelusz, 1979.

Funes, Diego. *Cómo jugar y divertirse con los niños en un largo viaje en coche.* España, Altalena Editores, 1980.

Garvey, C. *El juego infantil.* Madrid, Ed. Morata, 1984.

Gedovius, Ela. *Vamos a jugar.* México, Edamex, 1986.

Hetzer, Hiedegard. *El juego y los juguetes.* Buenos Aires, Kapelusz, 1978.

Jaulin, Robert. *Juegos y juguetes.* México, Siglo XXI, 1981.

Kiphard, E. J. *Insuficiencias de movimiento y de coordinación en la edad de la escuela primaria.* Argentina, Ed. Kapelusz, Colección Educación Física, 1976.

Lebovici S. R. Diatkine. *Significado y función del juego en el niño.* Buenos Aires, Ed. Proteo, 1969.

Leif, Joseph y Lucien Brunelle. *La verdadera naturaleza del juego.* Argentina, Ed. Kapelusz, 1978.

Merlino, Mario. *Cómo jugar y divertirse con palabras.* Madrid, Altalena Editores, 1981.

Miri, A. *Vamos a jugar.* Buenos Aires, Ed. Vertical XX, 1967.

November, Janet. *Experiencias de juego con preescolares.* Madrid, Ed. Morata, 1983.

Osman, B. *Nadie con quién jugar.* Argentina, Paidós Educador, 1985.

Parula, Beatriz N. De López Ganivet. *El juego teatral en la escuela.* Buenos Aires, Ed. Guadalupe, 1977.

Pérez Oliveros, Enrique. *Manual de juegos.* Montevideo, Uruguay, Ed. Mosca Hnos.

Piaget, J. Konrad Lorenz, Erik H. Erikson. *Juego y desarrollo.* Edición a cargo de María W. Piers. Barcelona, Ed. Crítica, 1982.

Radrizzani Goñi, Ana María y Ana González. *El niño y el juego.*

Las operaciones infralógicas espaciales y el juego reglado. Buenos Aires, Ed. Nueva Visión, 1987.
*Juegos tradicionales latinoamericanos. A la rueda rueda...* México, SEP-UNICEF, 1987.
Ruiz Pérez, Luis Miguel. *Desarrollo motor y actividades físicas.* Madrid, Ed. Gymnos, 1987.
Russel, Arnulf. *El juego de los niños.* Barcelona, Ed. Herder, 1985.
Seybold-Brunnhuber, Annemaire. *Practicar y jugar con el aro.* Buenos Aires, Kapelusz, 1975.
Schmidt, Gerhard. *Curso sobre gimnasia natural.* Editado por la Subcomisión de Prensa del INEF. 1960.
Schulz, Helmut. *Educación física infantil y matrogimnasia.* Buenos Aires, Kapelusz, 1975.
Torberet, Marianne. *Juegos para el desarrollo motor.* México, Ed. Pax México, 1985.
Winnicott, D. W. *Realidad y juego.* Barcelona, Ed. Gedisa, 1979.
*Juegos didácticos.* Enciclopedia de Última Moda, No. 12. Ed. Offset, México.
*El libro de oro de los niños.* Ed. Bruguera Mexicana de Ediciones, S. A.
*Los mil juegos.* A.M.I.B.E.F. Dirección Nacional de Educación Física, Deportes y Recreación.
Zapata, Óscar A. *El aprendizaje por el juego.* Maternal y preescolar. México, Editorial Pax México, 1994.

APRENDER JUGANDO
Marzo 25, 1995.
Tiro: 2 000 ejemplares.
Impresión:
Printer 2000
Carretera Federal al Ajusco 710